スポーツVコース

新 なぎなた教室

全日本なぎなた連盟 編

大修館書店

この本を読むみなさんへ

現在、生涯武道として幼少年から高年齢者まで広く愛好されている「なぎなた」が、日本の伝統文化として、また、心身ともに豊かな人間形成の道として、多くの人々に認識されておりますことは、まことに喜ばしいことであります。

国内においては、平成４年度から実施されている「学習指導要領」において、中学校・高等学校での位置づけを得、多くの方に学んでいただくことになりました。また平成７年には、第１回世界なぎなた選手権大会が開催され、「なぎなた」は日本から世界に向けて発信を続けています。

本書は、昭和59年に初版本が発行されて以来、なぎなたの指導書として使われてきておりますが、このたび内容を大幅に刷新し、「なぎなた」を始めようとする人、より上達を望む人に対応できるよう、基本に重点をおき、容易に練習ができるように写真を多くし、よりわかりやすい解説をつける努力をしました。本書が正しいなぎなたの普及発展の手引きとして、大いに活用されることを希望します。

終わりに、本書の改訂にあたり、ご協力くださいました大修館書店および改訂作業に直接携わったワーキングスタッフ、その他ご助力をいただきましたかたがたに対し、衷心より感謝申し上げます。

2003年春

全日本なぎなた連盟

理　念

なぎなたは、なぎなたの修錬により、心身ともに調和のとれた人材を育成する。

指導方針

なぎなたの正しい指導により、技を錬り、心を磨き、気力を高め、体力を養うとともに、なぎなたの特性の中に生きる日本のすぐれた伝統を守り、規律に従い、礼譲を尊び、信義を重んじ、毅然として広く平和な社会に役立つ人を養う。

なぎなた教室／目次

第1部　入門の教程

第2部　練習の教程

第3部 試合の教程

第1部 入門の教程

入門の教程 1 なぎなたのあゆみ

「なぎなた」という呼び方は『本朝世紀』久安2年(1146年)の条に、源経光所持の兵杖を説明して「俗に奈《な》木《ぎ》奈《な》多《た》と号す」とあり、このころから世にあらわれたと推察されます。

一般に「なぎなた」の出現は、『奥州後三年記』(1083年～1087年)の戦記の中にしるされていたり、「絵巻」では絵詞の中で描かれています。これが最初と考えられていましたが、すでにこれより148年前の天慶の乱(935年～941年)には「長刀」が使用されていたようです。

「なぎなた」の発生をその機能から考えると、太刀よりも離れた相手に向かうときに有利であるという点からみて、手鉾の柄を長くして工夫改良されてきたようです。

「なぎなた」は、はじめ「長刀」の文字を使用していましたが、南北朝時代5尺、7尺という長い刀を用いるようになったので、これと区別するために、人馬を薙《な》ぎ払う意味から「薙刀《なぎなた》」の文字を用いるようになったといわれています。

「薙刀」は徒歩、打物、合戦の武器として僧兵などに好まれ、刀身は茅の葉とか菖蒲《かまぼこ》形などと形容され、時代とともに長大化し、室町時代には刀身4尺、柄4尺

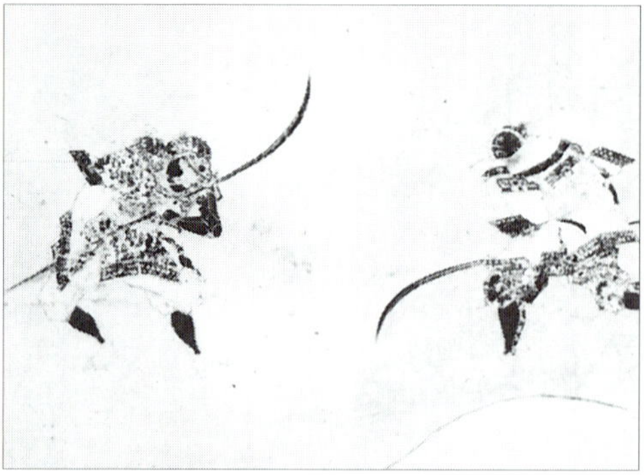

奥州後三年の合戦絵図（東京国立博物館所蔵）

という大長刀が出現しました。戦国時代になると鍔《つば》をつけたものもあらわれましたが、槍の利用が多くなり、さらに鉄砲の伝来などで戦闘の様式が集団的となったために、一騎打ちの接戦に有利とされた薙刀は、しだいに僧兵や医師、婦女子などの専用する武器に移行していきました。

その後、江戸時代に入ってしだいに刀身が短くなり、主として婦人の護身用として用いられ、武家の女子は、必ず心得として練習し、柄は青貝だたきや蛭巻などの美しい塗柄が多くなりました。また薙刀術に多くの流派ができ、それぞれ基本の形が考案されました。

明治以降は、男子の剣道とともに、女子の武道として、その目的も人間形成に重きがおかれ、学校教育の場において実施されるなど、女子の教育の面に貢献してきました。

〈注〉：１尺は37.8cmです。

〈注〉：『奥州後三年記』は、後三年の役の戦記です。

●財団法人全日本なぎなた連盟のあゆみ

年　度	主　な　事　柄
昭和20年	第二次世界大戦の無条件降伏により、武道禁止令が出され、武道が禁止される。
昭和28年	武道復活のため、第一回武道大会が開催される。
昭和30年	全日本なぎなた連盟が発足する。
昭和31年	第１回全日本なぎなた選手権大会を開催する。
昭和37年	第１回全国学生なぎなた大会を開催する。 (高等学校の部・大学の部)
昭和43年	財団法人として認可され、財団法人全日本なぎなた連盟となる。

昭和46年	第１回なぎなた演技大会を開催する。
昭和52年	全日本なぎなた連盟の形が完成する。
昭和53年	財団法人日本体育協会に加盟する。 全日本少年武道(なぎなた)錬成大会を開催する。
昭和57年	くにびき国体(島根県)の公開競技となる。
昭和58年	あかぎ国体(群馬県)より正式種目として、国民体育大会へ参加する。
昭和63年	全日本学生なぎなた連盟を結成する。
平成２年	国際なぎなた連盟が発足する。
平成４年	全国高等学校体育連盟に加盟する。
平成５年	第１回全国中学生なぎなた大会を開催する。 第６回全国健康福祉祭京都大会より参加する。
平成７年	皇后盃が全日本選手権大会にご下賜され、皇后盃第40回全日本選手権大会（創立40周年記念）を開催する。 第１回世界なぎなた選手権大会（日本）を開催する。
平成９年	全国高等学校総合体育大会に参加する。
平成11年	第２回世界なぎなた選手権大会（パリ、仏）を開催する。
平成13年	第１回全日本男子選手権大会（東京武道館）を開催する。

入門の教程 2

なぎなたの心身への効果

1——身体への効果

⑴ 健康な体をつくる

なぎなたの修錬によって、内臓諸器官によい影響を及ぼします。新陳代謝が活発になり、体のはたらきのバランスがよくなって病気に対する抵抗力も高まります。年齢に応じ、性別に関係なく、生涯にわたって行えます。

⑵ 体力を向上させる

なぎなたの基本練習から試合にいたる動作のすべては全身運動です。なぎなたを続けることによって自然に体力が向上し、持久力、瞬発力などが養われます。

⑶ バランスのとれた体とよい姿勢をつくる

なぎなたは、体の安定を保ち、左右のバランスのとれた運動です。調和のとれた、美しい、よい姿勢になります。

2——精神への効果

⑴ 心身一体としての効果

なぎなたの修錬により身体面だけでなく、精神面にもよい効果が得られます。

⑵ 旺盛な気力と活力が養われる

なぎなたは打突部位が多く、防御範囲も広く、わざと動きが多彩です。素早い対応の中で集中力と意志力が身につき、旺盛な気力と活力が養われます。

⑶ 礼儀を重んじ相手を尊ぶ心が養われる

心のこもった礼儀や態度は、人間関係を豊かにします。なぎなたは、「礼にはじまり、礼に終わる」といわれていますが、相手を尊敬する心をあらわしたものが礼です。つねに相手とともにわざを磨き、心身を鍛錬するので、自然に相手の立場を尊重したり、互いに協力する態度が養われます。

入門の教程 3

なぎなたの構造と取り扱い方

1——なぎなたの構造

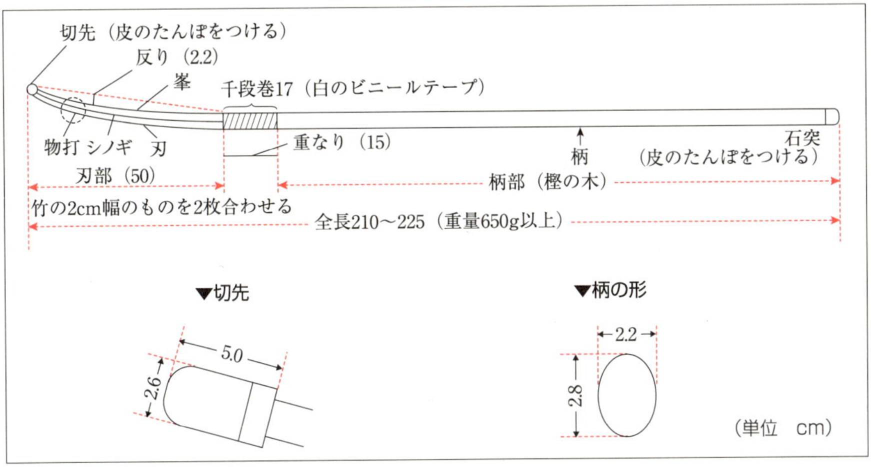

切先（皮のたんぽをつける）
反り（2.2）
峯
千段巻17（白のビニールテープ）
物打
シノギ
刃
重なり（15）
柄
石突
（皮のたんぽをつける）
刃部（50）
柄部（樫の木）
竹の2cm幅のものを2枚合わせる
全長210〜225（重量650g以上）
▼切先
5.0
2.6
▼柄の形
2.2
2.8
（単位　cm）

なぎなたの構造

(1)　全長は2.10m〜2.25m。

(2)　重量は650g 以上。

(3)　刃部は長さ50cm、幅２ cmの竹を上下２枚合わせて、切先の竹に穴をあけ、皮のたんぽを「つる」(テトロン糸・ナイロン糸)でしっかりと結び、その上を透明のビニールテープで巻きます。切先の皮のたんぽには布切れなどをつめ、丸くふくらみをもたせます。

(4)　物打ちは、切先から15〜20cm、石突から20〜25cm。

(5)　千段巻きの部分は、刃部と柄部の重なりは15cm、補強のため前後１ cm外側を白色のビニールテープで巻き、合わせて17cmにします。

(6)　柄部は楕円形の樫《かし》の木で石突《いしづき》がやや太くなっていて、皮のたんぽがついています。

(7)　なぎなたに彩色・彫刻などの細工をしてはいけません。

2――なぎなたの取り扱い方と受け渡し方

練習をはじめる前に用具の点検をしましょう。

①切先や石突のたんぽがはずれないか。

②刃部の竹がささくれだっていないか。

③柄が曲がっていないか。

用具は、大切にしましょう。

なぎなたを受け渡しするときは、お互いになぎなたの柄の中心部を両手で持つようにして行います。渡す人は、刃部が上に、石突が下で、刃を自分の方に向け、右にやや斜めにして渡します。受け取る人は相手の両手の中心に左手をかけ、石突の方に右手をそえて受け取ります。

受け取る人　　　　渡す人

なぎなたの受け渡し

入門の教程 4　なぎなたの服装とつけ方

服装は、稽古着《けいこぎ》・稽古帯《おび》・稽古 袴《はかま》を用います(運動服・運動ズボンでもよい)。体に合って、運動が自由にでき、安全で清潔なことが第一です。服装によって、自然に心構えも違ってきます。

1――稽古着

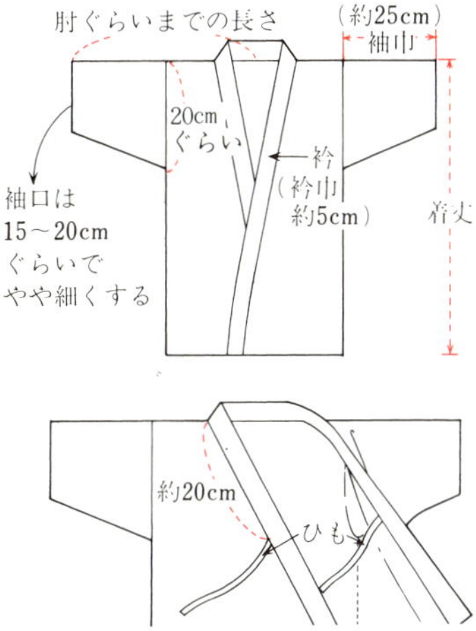

稽古着の名称と寸法

- **着丈《きたけ》**　袴の相引(脇)の深さより長く入る丈(大腿部が脇から見えないにように)にします。
- **肩当て**　着丈の1/2ぐらいのものをつけます。(胸部から肩甲骨の下部までつける)
- **袖口《そでぐち》**　袖口は15～20cm ぐらいで、袖口からなぎなたが入らないように、ゴムを入れるか、各自の腕の太さに合わせた運動しやすいものにします。
- **袖幅《そではば》**(袖の長さ)　肘までの長さにします。
- **衿《えり》**　衿幅は5 cm ぐらいで裾までつけます。
- **ひも**　胸が開くのを防ぐために、右衿の衿付け側と左衿の内側にひもをつけ、衿もとの内側で結びます。

[稽古着の着方]

普通の着物と同様に左身頃を上にし、ひもを結び衿もとをきちんと合わせます。

[稽古着のたたみ方]

稽古着のたたみ方は右図のようにします。

〈注〉　稽古着は、白地の木綿で汗を吸い取る厚地のものを用います。(例：天竺木綿《てんじくもめん》)　化学繊維のものは、通気性が悪いのでさけます。

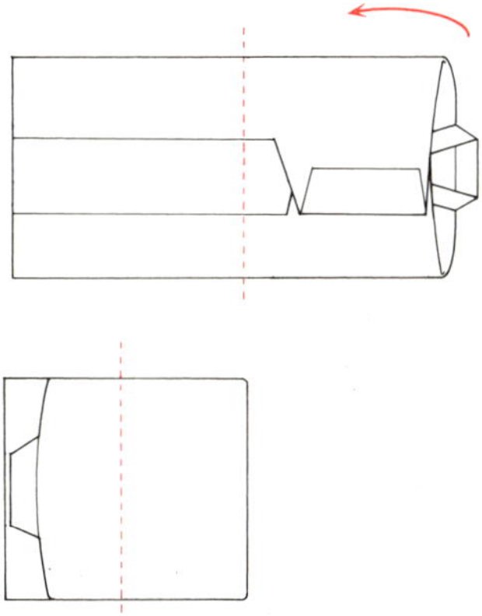

稽古着のたたみ方

2——稽古帯

稽古帯は白生地を用い、幅は並幅(30cm)を３つ折りにし、長さは腰に２回まわして結べるくらいのものが適当です。

[稽古帯の締め方・たたみ方]

稽古帯は、腰骨の上に２回まわして後ろで蝶《ちょう》結び、または片輪結びに締めます。稽古帯のたたみ方は、しわをよく伸ばし、８つ折りにして、きちんとたたむようにします。

3——稽古袴

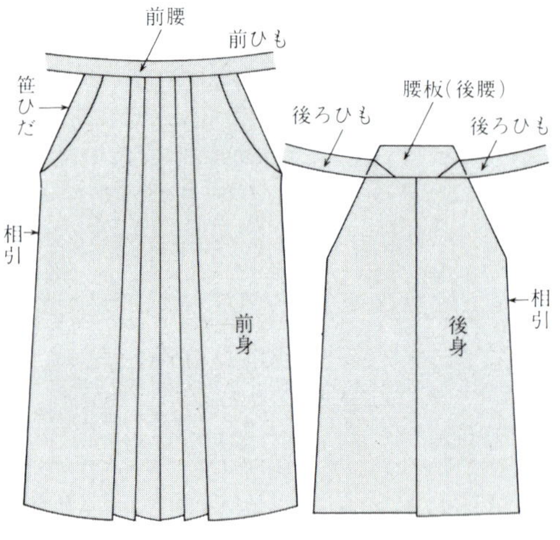
前腰
前ひも
笹ひだ
相引
前身
腰板（後腰）
後ろひも
後ろひも
後身
相引
袴の名称

稽古袴は、紺色か黒色の木綿地あるいは化繊地で仕立てた馬乗袴(内部の中央にまちが入っていて左右にわかれている袴。キュロットのような袴)を使用します。

[稽古袴のはき方]

腰の高さにはき、とくに腰板を腰に密着させます。

●方法・１

(1) 両手で袴の前腰を取り、左･右と足を入れ、帯の上端から少し(２ cm ほど)さがったところに当てます。

(2) 左右の前ひもを後ろにまわして交差させて締め、前にまわし、ひも付けか

ら2 cmほどさがったところで左右のひもを交差させます。(図①)

(3) 下側になった左ひも(右側から通したひも)を上側の右ひもの下から斜め上に向けて折り返し、(図①) 後ろにまわして両方のひもを蝶結びにします。(図②)

(4) 袴の腰板を両手で取り、後ろの帯の結び目の上にのせ、後ひもを左右から前にまわします。そして、右ひもを上に、左ひもを下にして前ひもの下をくぐらせ、真結び(結びきり)にして、その両端を腰にまわして、ひもの間にはさみます。(図③)

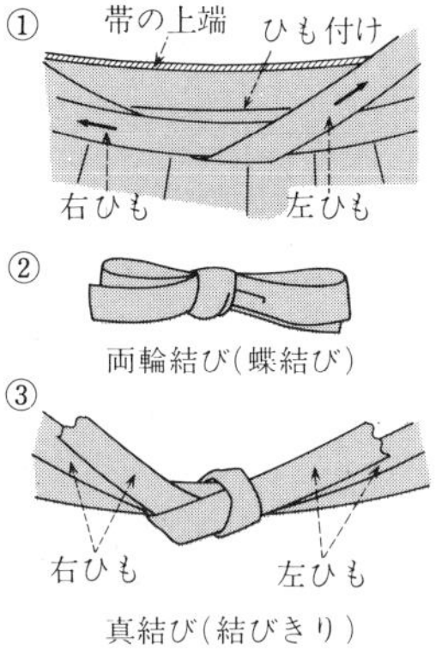

①
帯の上端
ひも付け
右ひも
左ひも
②
両輪結び(蝶結び)
③
右ひも
左ひも
真結び(結びきり)

ひもの結び方

稽古袴をはきおわったところ

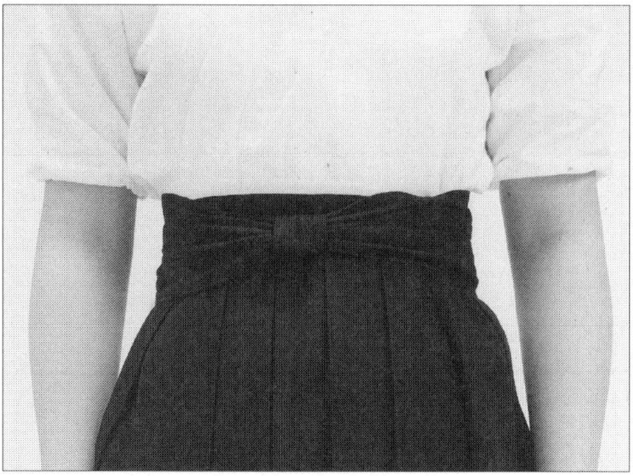

真結びに結んだところ

●方法・2

(1) 前腰をもち、左、右と足を入れます。腰板を帯の結び目の上にのせ、後ろひもを前にまわして仮に結びます。(写真参照)

(2) 前腰を取り、帯の上端よりやや下に当て、前ひもを後ろにまわして腰板のひも付けのところで交差させて締めます。(図参照) それを前にまわし、前腰のひも付けから2 cmほどさげて交差させ、両腰から後ろにまわし、腰板の中で結びます。

(3) 最初に仮に結んだ後ろひもをほどいて両腰から前にまわし、上ひもを下ひもの下側からくぐらせ上に通します。下ひもを10cmくらいの長さにたたみ、横一文字とし、その上に上ひもを2、3回巻き付け、最後は上に3 cmほど出し、下に3 cmほど残して十文字に結びます。(図①②③)

＊ヘラを使うときは、帯の結び目に差込みます。

後ろひもを仮りに前で結び、前腰を帯の上に当てる

後ろひもの上ひもを下ひもの下側から通す

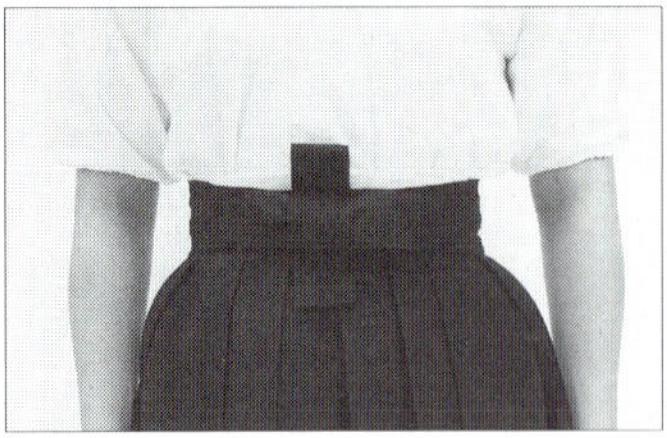

下ひもを10cmくらいにたたむ

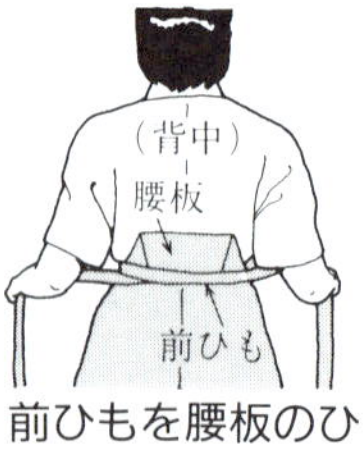

(背中)
腰板
前ひも

前ひもを腰板のひも付けで交差する

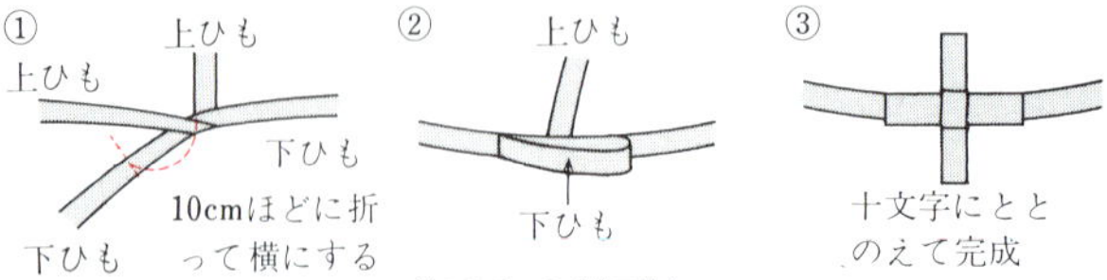

①
上ひも
上ひも
下ひも
10cmほどに折って横にする
下ひも
②
上ひも
下ひも
③
十文字にととのえて完成

前ひもの結び方

[稽古袴のたたみ方]

(1) 左手で腰板を手前で前腰と一緒にもちあげ、右手で「まち」を右側に向けます。

(2) 右側に腰板が位置し、後身が上になるようにおき、後ひだを2 cmほど重ねます。

(3) 右手で前腰と腰板をもち、左手をそえながら返して前身を上に向け、前ひだと「まち」をととのえます。

(4) 裾から1/3のところを折り、腰から1/3のところで折り返します。

(5) 3つに折った袴を両手で腰板が向う側になるようにおき、前ひもを4つ折りにして斜めにおきます。後ろひもを図のようにします。

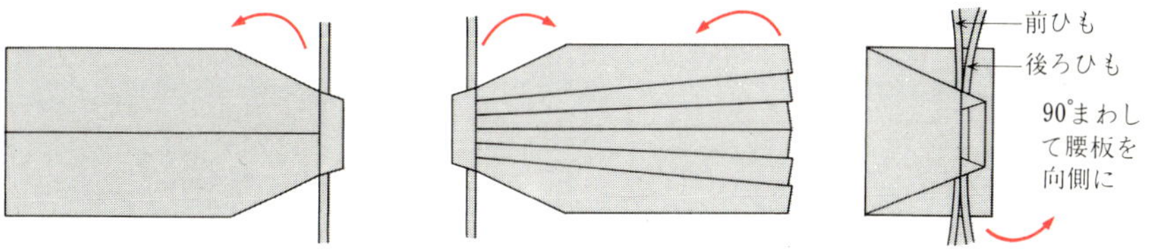
前ひも
後ろひも
90°まわして腰板を向側に

↑右側に腰板が位置するようにおき，後ひだをととのえる。

↑右手で前腰・腰板をもって返し前ひだをととのえる。ついで裾から1/3，腰から1/3と3つに折る。

稽古袴のたたみ方

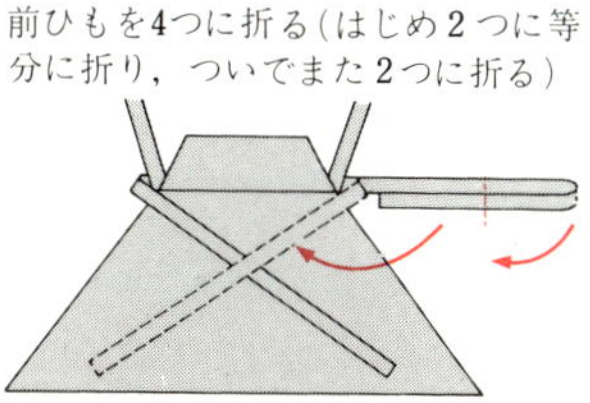
前ひもを4つに折る（はじめ2つに等分に折り，ついでまた2つに折る）

前ひものたたみ方（4つに折って斜めに重ねる）

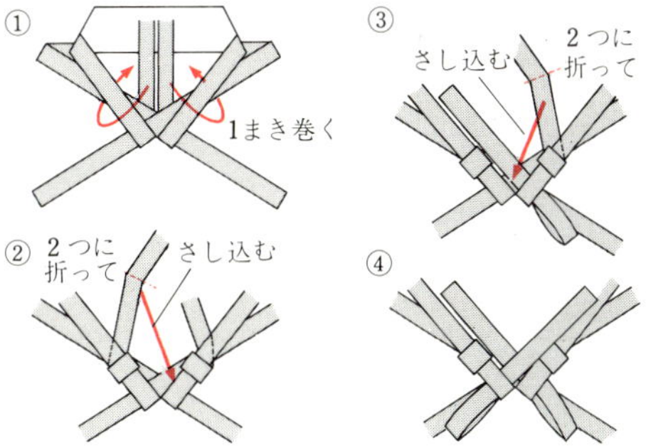
①
1まき巻く
②
2つに折って
さし込む
③
さし込む
2つに折って
④

後ろひものたたみ方

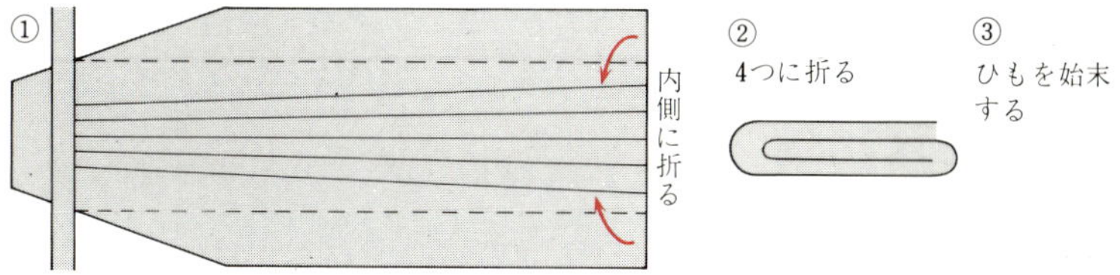
①
内側に折る
②
4つに折る
③
ひもを始末する

もち運ぶときの稽古袴のたたみ方

入門の教程 5

なぎなた競技の種別と方法

なぎなたの競技は「試合競技」と「演技競技」の２種目があります。いずれの競技もルールにしたがって正々堂々と勝負をします。

競技会に参加する者は、つねに技術を磨き、体を鍛えるとともに、マナーを身につけることが大切です。また、お互いに相手の人格を尊重して立派な試合をすることによって、心技体が一体となって向上し、勝っても負けても、なぎなた競技本来の目的が達成されます。

1――試合競技

「試合競技」は、防具をつけ、所定の場所で、なぎなたを持った競技者が、お互いに定められた部位を打突して勝負します。

トーナメント戦・リーグ戦などの方法で行われ、個人試合と団体試合があります。

2――演技競技

「演技競技」は、なぎなたのわざの向上をはかると同時に、正しいなぎなたの普及発展を目的としています。定められた場所で、演技者２名が１組となり、優劣を競う競技です。

演技の種類には、「全日本なぎなたの形」と「しかけ応じ」があります。

競技には、「規定演技」と「自由演技」があります。

入門の教程 6

なぎなた競技のしくみと特徴

なぎなたの練習では、基本に重点がおかれます。この基本を正しく反復練習することによって、しだいに高度なわざが体得できるようになります。自分だけの技術の習得に終わらず、相手のわざを研究することも大切です。

[なぎなたの特徴]

武道の一つである。

なぎなたのわざは、繰り込み、繰り出し、もちかえなどがあり、左右同様に使うことができる。

対人はもとより個人でも集団でもできる。

機敏な動作を必要とするので柔軟性や敏捷性が養われる。

項目					内容
理論	なぎなたの概論				歴史、特徴、練習法、施設用具、競技規定
技術	基本	自然体			なぎなたを持って立った姿勢
		礼法			立礼、座礼
		構え			中段、下段、八相、脇、上段
		体さばき			送り足、歩み足、開き足、踏みかえ足、継ぎ足
		打法	打突部位		正面、側面、すね、胴、小手、咽喉(のど)
			打突法	打法	振りあげ、もちかえ、振り返し
				突き方	直突(ちょくとつ)、繰り込み
		受け方			刃部、柄部
		振り方			上下振り、横振り、斜め振り、振り返し、八方振り
		打ち返し			連続打ちの要領、手の内、間合、体さばき
	わざ	しかけわざ	払いわざ		表・裏よりの払い、刃部・柄部の払い
			踏み込みわざ		送り足、開き足を使って踏み込む
			出ばなわざ		相手がわざを起こそうとする瞬間
			２段わざ		２つのわざの連続
			３段わざ		３つのわざの連続
		応じわざ	受けわざ		刃部・柄部で受ける
			抜きわざ		相手のわざを抜く
			受け流しわざ		体さばきを使って刃部で受け流す
			打ち落としわざ		刃部・柄部で打ち落とす
			巻き落としわざ		刃部の反り・柄部を使って巻き落とす
		応用	しかけ・応じわざの組合せ		形の形式、気合、間合、残心
	競技				１．試合競技、個人試合、団体試合 ２．演技競技、規定演技、自由演技、

第2部

練習の教程

練習の教程 1　基本動作1――自然体と礼

技術の習得には、目標をきめて正しい段階を追って練習することが大切です。

1――自然体

自然体(正面と側面)

なぎなたを持って自然に立った姿を自然体といいます。最も安定した体勢です。

(1) なぎなたの石突を右足の斜め前に刃部を前に向けて垂直に立てます。

(2) 右手は腰骨の位置で手首を軽くつけて握り、左手は左ももの外側におろして指先をそろえて軽くつけます。

(3) あごを引き、肩の力を抜いて背筋を伸ばします。

(4) 目はまっすぐ前を見ます。相手のいる場合は、相手の目を見ます。

2——礼

礼は人の謙虚な心のあらわれで、相手の人格を尊重し、素直な心や美しい姿勢が養われます。礼には、立礼と座礼があります。

[立礼]

立礼には、正面(試合場・練習場)に対して行う礼と、相手に対して行う礼があります。

(1) 正面に対する礼は、上体を約30度に前傾します。
(2) 相手に対する礼は、相手に注目しながら上体を約15度に前傾します。
(3) いずれも、なぎなたを前後左右に傾けないように、左手は、前傾とともに左ももにそわせてやや内側に自然におろします。

正面の礼

相対の礼

[座礼]

(1) 座るときは、左足をわずかに引いて左膝を折って床につけ、次に右膝を床につけて座ります（＊左座右起）。

(2) 両足の親指を重ね、両膝をそろえ、腰を伸ばします。

(3) 上体をまっすぐにしてあごを引き、口を軽く閉じて前方を見ます。

(4) なぎなたは、体の右側に、石突を膝頭より約30cm前に出し、刃を外側にまっすぐにおきます。

(5) 両手は、指をそろえて両ももの上におき、上腕部を軽く体につけます。これが正座です。

(6) 正座の姿勢で上体を前方に傾けながら両手を膝前に進め、肘《ひじ》を張らずに礼をします。これが座礼です。

(7) 立つときは、つま先を立て、体をやや右に向け、なぎなたを右手は下から、左手は上から握ります。

(8) 腰を伸ばしながら右足を踏み出して立ち上がり、左足をそろえ、なぎなたの石突を床につけて左手をもどします。

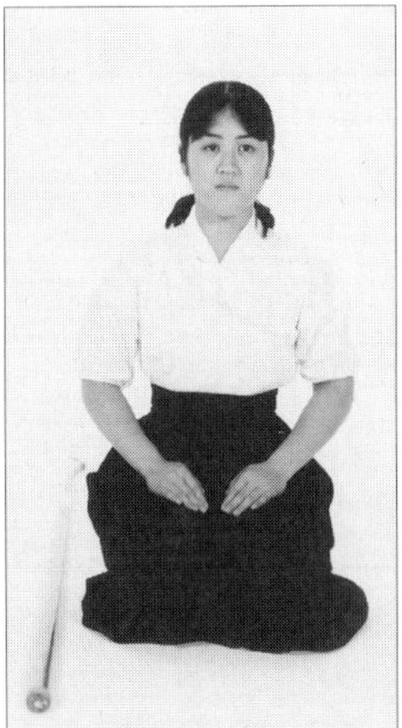

正座

正しい座礼

悪い座礼

3——自然体よりなぎなたを持って移動する方法

右手首を軽く腰骨につけたまま、切先を15度、前に傾ける。

練習の教程 2

基本動作２―構え

構えとは、自分を守り相手を攻撃するための基本動作です。これは、心構えと身構えとがそなわった状態です。基本の構えには、中段・下段・八相・脇・上段の５つの構えがあり、それぞれに左右の構えがありますが、通常は最初に左に構えます。

1――中段の構え

中段の構えは、すべての構えの基本です。動作をおこしたり、変化に応じるのに最も適した構えです。

[自然体から左中段(左足が前になっている構え)に構える場合]

⑴ 左手を右手の上方にかけてなぎなたを握ります。

⑵ 左足を約２足長弱(体格により異なるがほぼ肩幅と同じ)前に出しながら、体を右側に向け半身になります。

⑶ 切先を前方に倒し、右手を石突のほうに足幅ぐらい通わせて握り、後足側の

正面

側面

内ももあたりに右手を軽くつけます。

石突は、前腕の長さほど残し、切先は、自分の体の中心の延長線上にあり、自分のみぞおち(相手がいる場合は、相手のみぞおち)の高さにつけます。

[自然体から右中段に構える場合]

左手を右手の下方にかけて、石突のほうに通わせながら右足を前に出して構えます。

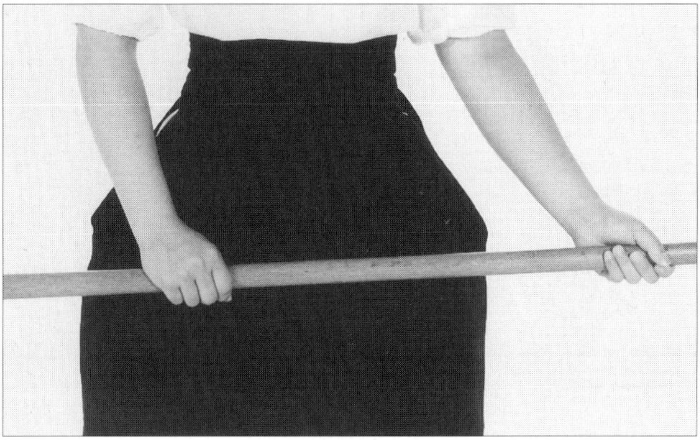

手の握り(よい例)

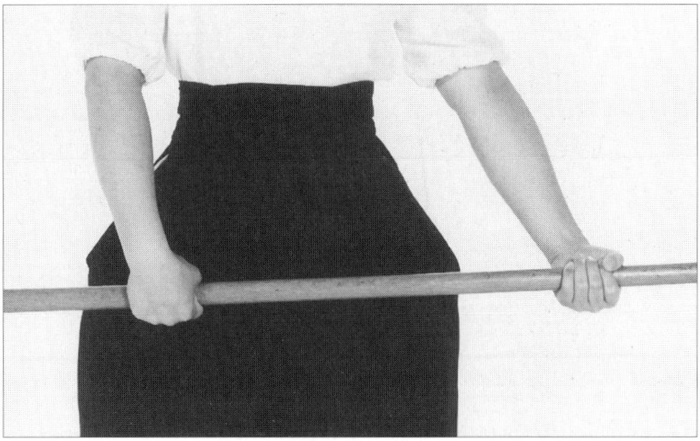

手の握り(悪い例)

2——下段の構え

下段の構えは、切先をさげて相手の足もとを攻めながら自分を守る構えです。

⑴ 中段から右手の握りを外側に返しながら刃を上に向けます。

⑵ 右手は右耳の高さの位置で、肘は自然に開きます。

⑶ 左手はやや切先の方向に通わせます。

⑷ 切先は体の中心線上で、床より約10cmほどの高さです。

⑸ 左肘は軽く体側《たいそく》につけます。

前手の握り方(側面)

(正面)

悪い握り方

3――八相の構え

八相の構えは、ただちに打突できる最も攻撃的な構えです。

(1) 中段から切先を上げながら、右手と左手を体の中心でもちかえます。

(2) 右手は右耳の高さで肘は自然に開き、左手は石突のほうに通わせ、手首を軽く腰骨あたりにつけ、肘は張らないようにします。

(3) 柄を胸部にそわせ、石突の位置が体側の中心になるようにつけます。刃は前方を向けます。

正面

側面

4――脇構え

脇構えは、変化に応じて打突ができる構えです。

(1) 中段の構えから切先を上げながら、石突は体の中心線を通って右手と左手をもちかえます。

(2) 石突を前にして、刃を右に向け、水平に構えます。

(3) 手幅は足幅と同じくらいで、両手を軽く下に伸ばします。

正面

側面

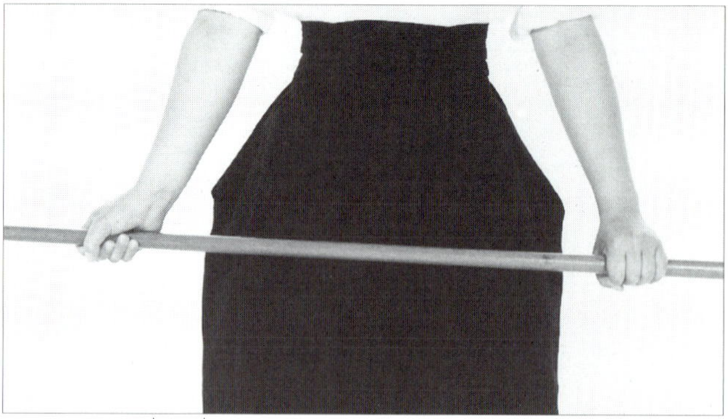

a　　両手の握り方　　b

〈注〉 a、b は一握りの間隔。

5――上段の構え

上段の構えは、なぎなたを頭上にとった構えです。いつでも打突できる攻撃的で気位のある構えです。

⑴ 中段の構えからなぎなたの切先を頭上に上げながら、右手と左手をもちかえます。

⑵ 石突を前方にして、刃を上方に向けて両肘を開き、頭上に構えます。

⑶ 後方の切先は、前方の石突よりもやや高くなります。

正面

側面

練習の教程
3

基本動作 3 ―体さばき

体さばきは、体の移動や打突のときに用いる足の運び方です。単に足だけでなく、腰で動くような気持ちで行います。

体さばきには、送り足・歩み足・開き足・踏みかえ足・継ぎ足があります。

足幅は、どの体さばきの時も 2 足長弱です。

1――送り足

送り足は、いろいろな方向に、すばやく移動したり打突したりするときに用いる足さばきです。

⑴ 前進するときは、後足で踏みきって進みます。(図 a)

⑵ 後退するときは、前足で踏みきってさがります。(図 b)

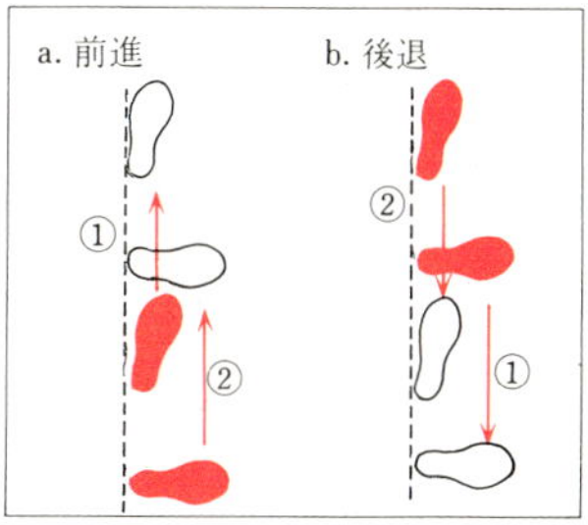

送り足(前進・後退)

2――歩み足

歩み足は、前後に移動するときに用いる足さばきです。

⑴ 半身の体勢をくずさず、自然に歩くときのように交互に足を移動します。

⑵ 前進のときは後ろ足から、(図 a) 後退のときは前足から (図 b) 移動します。

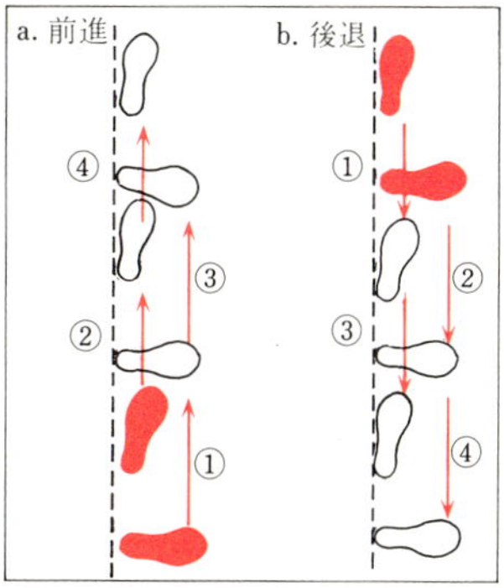

歩み足(前進・後退)

3——開き足

開き足は、体をかわしながら打突したり、応じたりするときに用いる足さばきです。体勢をくずさないように行います。

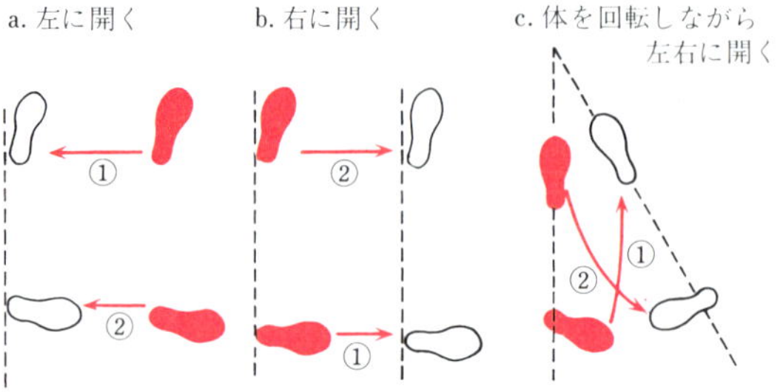
a. 左に開く
b. 右に開く
c. 体を回転しながら
左右に開く
①
②
開き足(いろいろな方向に)

(1) 左に開く場合は、左足から移動し、右足はそれにつれて移動させます。(図 a)

(2) 右に開く場合は、右足から移動し、左足はそれにつれて移動させます。(図 b)

(3) 体を回転させながら踏み込んで開いて移動し位置をかえます。(図 c)

4——踏みかえ足

体の向きをその場でかえて打突したり、応じたりするときに用いる足さばきです。

(1) 後ろ足を前足にそろえ、ただちに前足を後ろに引きます。

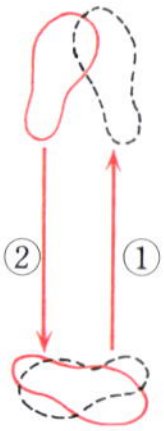
②
①
踏みかえ足

5——継ぎ足

敏速に間合をとるときに用いる足さばきです。

(1) 前進の場合は後ろ足を前足に引きつけ、ただちに前足から踏み込みます。(図 a)

(2) 後退の場合は、前足を後ろ足に引きつけ、ただちに後方にさがります。(図 b)

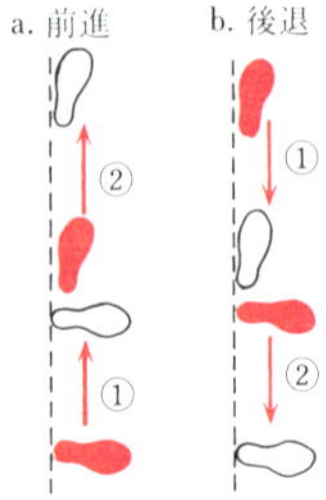
a. 前進
b. 後退
①
②
継ぎ足(前進・後退)

[体さばきの練習法]

◉１対多数の場合

中段に構え、「まえ」の号令で送り足を使って前に出ます。「あと」の号令で後ろに送り足でさがります。

「歩み足まえ」「歩み足あと」「左へ開け」「右へ開け」など。各種の構えをしながらも練習してみましょう。

指導者（リーダー）の動作と反対の動作をしてみます。たとえば、指導者（リーダー）が「歩み足あと」をしたら、ただちに「歩み足まえ」をするなどです。

◉相対の場合

相中段から、足さばきは、すべて相手と反対に動き、相互の間合を一定にして動くように練習します。

２人でお互いに号令をかけあって行います。

(1)　お互いに約４ｍ離れて、自然体で立ちます。

(2)　お互いに目を合わせて、相互の礼をします。

(3)　お互いに左足を前に出して、左中段に構えて、なぎなたの物打ちの「しのぎ」を合わせます。（相中段）

練習の教程 4

基本動作４—振り方

振り方は、なぎなたを上下、横、斜めに振る動作です。なぎなたの刃すじの通る方向を知り、なぎなたと体の動きを一致させ、なぎなたの操作の基本を体得するものです。準備運動や整理運動としても有効な動作です。

1——上下振り

上下振りは中段の構えからなぎなたを上下に振る動作のことです。

(1) 中段から後ろ足を前足にそろえながら、体を正面に向け、なぎなたは正中線を通して頭上に振りあげます。

(2) 右足を引いてなぎなたを振りおろします。中段に構えたときの握りや、振りあげたときの握りはゆるめず、手のひらをあけないようにします。

(3) 右中段からも行います。

中段の構え①

振りあげたところ②

振りおろしたところ③

2――斜め振り

斜め振りは中段の構えから八相の構えの過程をとおり、正中線より45°の角度から中心にむかって斜め下へ振りおろします。開き足、踏みかえ足を使いながら、左右の斜め振りを行います。下からの斜め振りは、脇構えの過程をとおり、正中線より45°の角度から斜め上に振りあげます。開き足、踏みかえ足で行います。

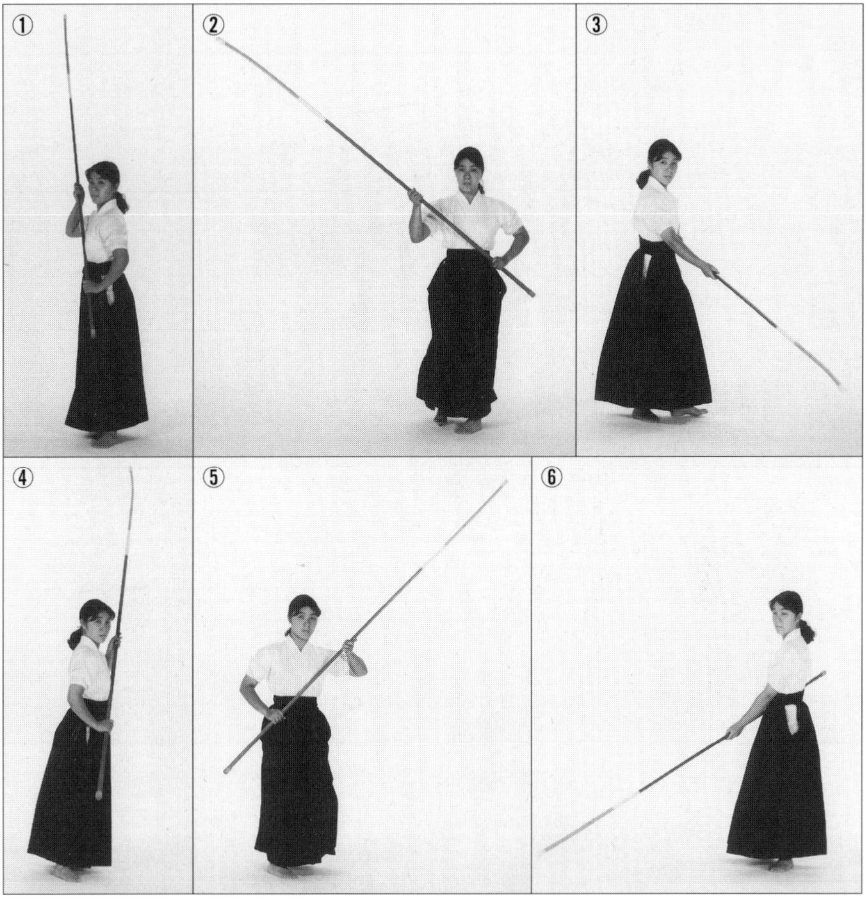

3――横振り

横振りは中段の構えから脇構えの過程をとおり、横に振ります。横振りは、脇構えの過程をとおり、踏みかえ足、あるいは開き足を使いながら、体の中心の位置(胴の高さ)で水平に、刃すじを真横にして振ります。

左右同じように振ります。

①

②

③

④

⑤

⑥

4――振り返し

なぎなた独特の振りです。

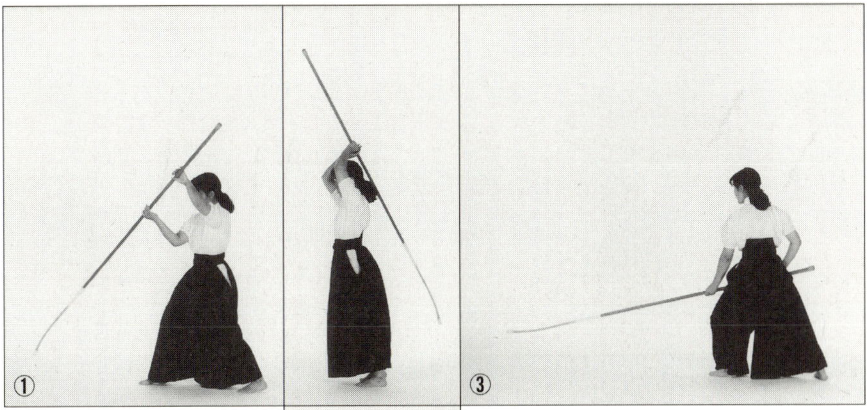

(1) 右中段の構えから前足を引きながら、体を正面に向けます。

(2) なぎなたの切先を下、後ろと体のそばを通って背中の方へまわし、頭上で右手を左手まで通わせます。(①②は同時に行います)

(3) 両手をもちかえて左手を石突のほうへ通わせながら右足を前に出すとともに、体を開いてなぎなたを振りおろします。なぎなたを振り返した後は、上下振りと同じ刃すじを通して同じ体勢になります。左右同じように振り返します。

5——八方振り

上下振り、斜め振り、横振り、斜め振り下から、振り返しを総合的に連続して行います。

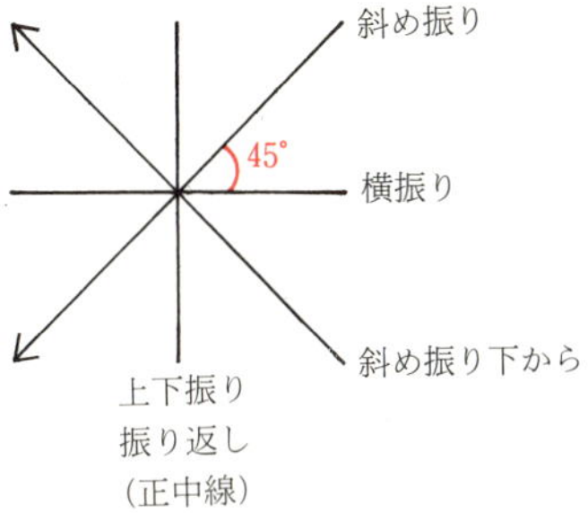

練習の教程
5

基本動作5—打突部位・操作法と打突法

打突とはなぎなたを操作して、適法な姿勢と充実した気勢で、定められた相手の打突部位を呼称しながら、なぎなたの打突部(刃部・柄部)で、打ったり突いたりすることです。打突後は、気をゆるめないで構えます。これを残心といいます。

1——打突部位

面……正面（中央）
　　　左右側面（中央から25°～30°の間）
小手…左右小手（甲側の手首から5 cmのところ）
胴……左右胴
すね…左右すね、左右内ずね（膝とくるぶしの中間）
咽喉…咽喉（高校生以下は禁止）

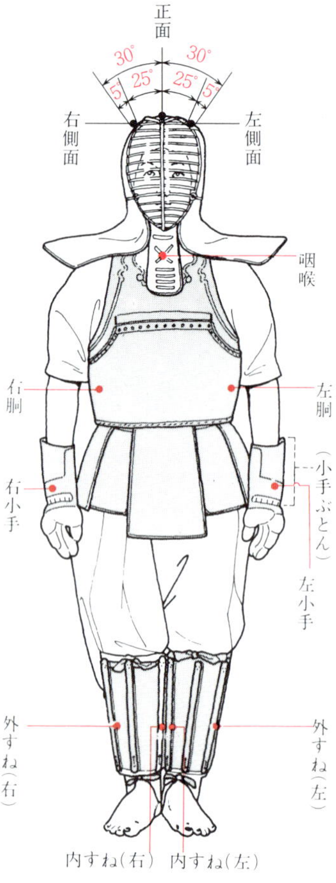

打突部位

2——操作法

なぎなたの基本的な操作の方法は、振りあげ、もちかえ、振り返し、繰り込み、繰り出しなどです。

[振りあげ]

面、小手、すねを打つ、最も基本的な方法です。

中段の構えより、後ろ足を前に出しながら、なぎなたを頭上に振りあげ、体を正面に向け、さらに後ろ足を前に出すとともに、体を半身に開いて、なぎなたを振りおろします。

[もちかえ]

面、胴、すね、小手を打つ、なぎなたの特徴ある操作法です。

中段の構えより、左右の手をもちかえて、八相の構えや脇構えや上段の構えとなります。

[振り返し]

面、小手、すねを打つ、なぎなた独特の操作法です。

中段の構えより、なぎなたを振り返します。

[繰り込み]

突いたり、受けたりするときの操作法です。

なぎなたを持つ両手を通わせて、なぎなたを短くします。

[繰り出し]

突いたり、柄部ですねを打ったりするときの操作法です。

なぎなたを持つ両手を通わせて、なぎなたを長くします。

3——打突法

打突法とは、なぎなたを操作し、体さばきを使って、打突部位を打突する方法です。

左右の構えから行います。

[面打ち]

●振りあげ面打ち

(1) 中段に構えます。

(2) 後ろ足を出し、なぎなたを頭上に振りあげ、体を正面に向けます。

(このとき、石突のほうの手は、小指がなぎなたから離れない位置までで、肘が伸びきらないようにします。)(写真)

(3) 後ろ足を出すとともに、振りおろしながら、体を半身に開き、メンの発声とともに打ちます。

(このとき、後ろの手は体に添わせて、手の内をしめます。)(写真)

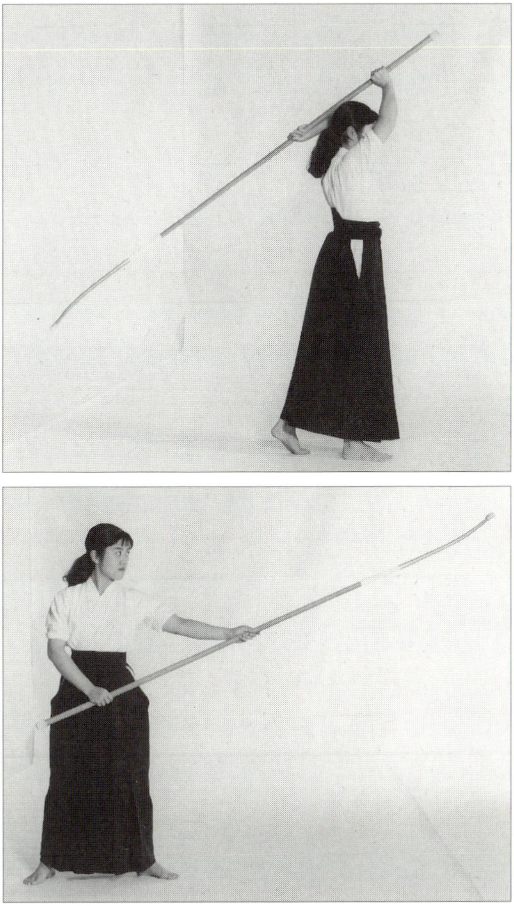

振りあげ面打ち

●振り返し面打ち

⑴　中段に構えます。

⑵　体を正面に向け、なぎなたの切先を下、後ろと、体のそばを通って背中のほうへまわしながら、右手を左手まで通わせ、なぎなたを頭上に上げます。(写真)

⑶　両手をもちかえて、後ろ足を前に出すとともに、左手を石突のほうに通わせながら、振りおろし、体を半身に開き、メンの発声とともに打ちます。(このとき、後ろの手は体に添わせ、手の内をしめます。)(写真)

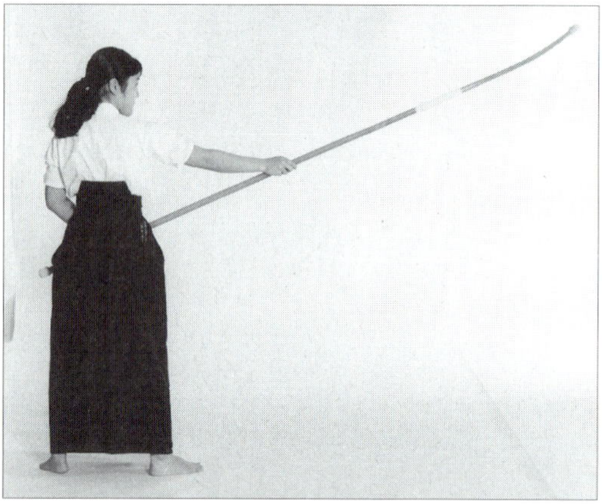

振り返し面打ち

[側面打ち]

●側面打ち

⑴　中段に構えます。

⑵　八相にもちかえます。

⑶　後ろ足を出して、体を開き、メンの発声とともに打ちます。(打ったとき、後ろの手はみぞおちにつけ、前腕はなぎなたから離れないようにします。なぎなたの刃は、やや斜め下向きです。)(写真)

側面打ち

[すね打ち]

◉すね打ち

(1) 中段に構えます。

(2) 八相にもちかえます。

(3) 後ろ足を出し、体を開き、スネの発声とともに打ちます。

(打ったときの手は、みぞおちにつけ、前腕はなぎなたから離れないように、なぎなたの柄に添わせます。前足の膝は、曲げます。このとき、足幅が狭くなったり、膝頭がつま先より前に出たりしないように注意します。なぎなたの刃は斜め下向きで、ひら打ちや、みね打ちにならないようにします。) (写真)

すね打ち

振りあげすね打ち

◉振りあげすね打ち

(1) 中段に構えます。

(2) 後ろ足を出し、なぎなたを頭上に振りあげ、体を正面に向けます。

(このとき、石突のほうの手は小指がなぎなたから離れない位置までで、肘が伸びきらないようにします。) (写真)

(3) 後ろ足を出すとともに体を開き、なぎなたの刃筋は斜めに振りおろし、スネの発声とともに打ちます。

◉振り返しすね打ち

(1) 中段に構えます。

(2) 振り返して、なぎなたを斜めに振りおろし、体を開き、スネの発声とともに打ちます。

●柄ずね

(1) 中段に構えます。

(2) 両手を通わせて繰り込み、

(3) 後ろ足を出し、体を開いて、スネの発声とともに、なぎなたの柄で打ちます。
((2)(3)は続けてします。両足の膝を曲げ、足幅や手幅が狭くならないようにします。)
(写真)

(4) 高校生以下の試合競技には、禁止されています。

柄ずね

[胴打ち]

●胴打ち

(1) 中段に構えます。

(2) もちかえて脇構えになり、

(3) 後ろ足を出し、体を開き、ドウの発声とともに打ちます。
(後ろの手は、腰骨とへその間ぐらいの位置で、手の内をしめます。) (写真)

胴打ち

[小手打ち]

●振りあげ小手打ち

(1) 中段に構えます。

(2) 体を正面に向け、後ろ足を少し寄せ、なぎなたを頭上に浅く振り上げます。
(振りあげたなぎなたの石突の高さは、自分のあごの高さぐらいです。) (写真)

振りあげ小手打ち

振りあげ小手打ち

(3) 前足を出して、なぎなたを振りおろし、体を開き、コテの発声とともに打ちます。
(なぎなたの切先の高さは、中段の構えよりもやや低くなります。) (写真)

● 振り返し小手打ち

(1) 中段に構えます。
(2) 振り返し面打ちの要領で、コテの発声とともに打ちます。

● もちかえ小手打ち

(1) 中段に構えます。
(2) 八相の構えにもちかえ、
(3) 後ろ足を出し、体を開きながら、コテの発声とともに打ちます。

[突き]

突きは、攻撃には最も積極的な威力あるわざですが、相手にケガをさせる危険性があるため、よく練習して、手の内がきまるようになってから使いましょう。高校生以下の試合競技には、禁止されています。

突きには、直突《ちょくとつ》と繰り込み突きがあります。また、なぎなたの切先でも石突でも突くことができます。

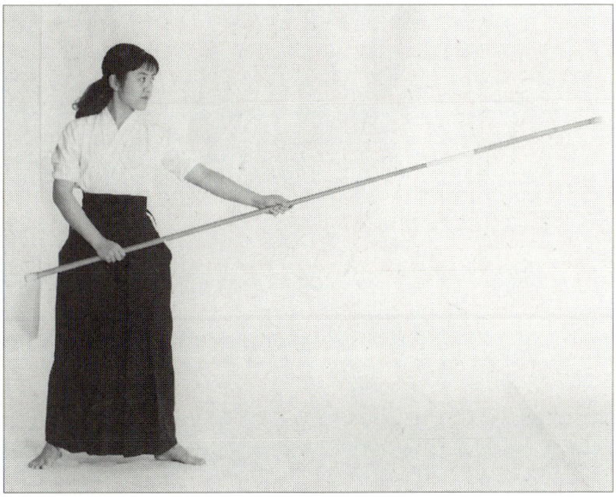

直突

●直突《ちょくとつ》

⑴　中段に構えます。

⑵　送り足で前進し、突く瞬間に刃を横向きにして、ツキの発声とともに、手の内をしめて突きます。
（このとき、足幅が狭くならないように注意します。）（前頁写真）

●繰り込み突き

⑴　中段に構えます。

⑵　後ろの手が肩の高さになるように、繰り込みます。

⑶　なぎなたを繰り出し、送り足で前進して、突く瞬間に刃を横向きにし、ツキの発声とともに、手の内をしめて突きます。

●柄突き

⑴　中段に構えます。

⑵　もちかえて脇構えになります。

⑶　なぎなたを繰り出し、送り足で前進し、ツキの発声とともに、手の内をしめて、石突で突きます。

⑷　試合競技では、禁止されています。

〈ワンポイントアドバイス〉

①打突は必ず発声とともに行いましょう。

②なぎなたと体が一体となるように、繰り返し練習しましょう。

③もちかえるときは、前を向かないように気をつけましょう。

④打突部位は単独で練習する場合は、自分の打突部位の高さの箇所の空間ですが、相手がある場合は、相手の打突部位の位置です。

⑤つねに基本に戻り、正しい姿勢で、のびのびと大きなわざが使えるように、気をつけましょう。

練習の教程
6

基本動作6—受け方

相手の攻撃を、なぎなたの刃部や柄部で防ぐことを、受けるといい、受ける方法を受け方といいます。

1——刃部での受け方

●面・側面(左右)・胴(左右)受け

(1) 中段に構えます。

(2) 両手を通わせなぎなたを繰り込み、送り足で後方に体をさばきながら、左肘を軽く脇につけ、後ろの手は手首を体に添わせて、手の内をしめ、なぎなたの刃部の物打ちのしのぎで、面・側面(左右)・胴(左右)をそれぞれ防いで受けます。(写真)

面受け

胴受け

側面受け(左右)

●すね受け

(1) 中段に構えます。

(2) 両手を通わせなぎなたを繰り込み、送り足で後方に体をさばき、下段の構えの要領で、すねを防いで、物打ちのしのぎで受けます。(受ける瞬間に手の内をしめます。)(写真)

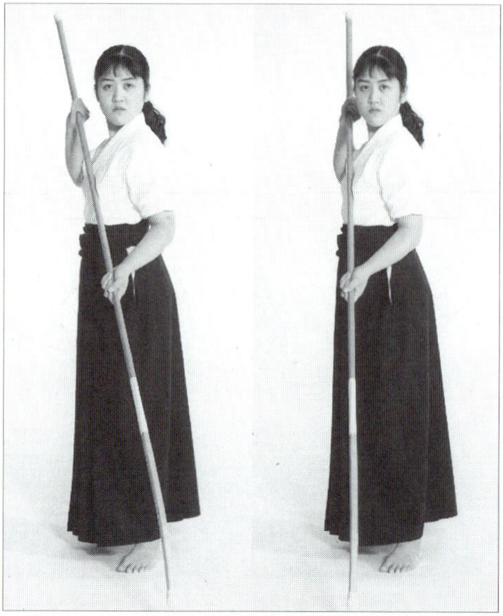

すね受け(左右)

2――柄部での受け方

●面受け

(1) 中段に構えます。

(2) 前足を引いて、後ろ足にそろえ、体を正面に向け、ひたいの前方になぎなたを水平にして、柄の中央で受けます。(このとき、両肘を伸ばしきらないようにします。また、両手の手幅を狭くしたり、広くしすぎないようにします。)(写真)

面受け

◉側面・すね受け

(1) 中段に構えます。

(2) 前足を引き、体を開き、両手を通わせ、側面やすねを防いで、なぎなたの柄を繰り出し、受けます。
(受ける瞬間に手の内をしめます。このとき、なぎなたの柄部の物打ちで、受けるように注意します。)(写真)

側面受け

すね受け

〈相対での練習法〉

打ち方と受け方ができるようになると、2人で向かい合って、練習することができます。これを相対といいます。

(1) 自然体からお互いに目を合せて、相互の礼をします。

(2) 相中段に構えます。

(3) 打ち方と受け方を、交互に練習します。

(4) 相中段の構えより、お互いに前足を引いて、自然体になります。

(5) お互いに目を合わせて、相互の礼をします。

練習の教程
7

基本動作 7 —打ち返し

打ち返しは、手の内、間合、体さばき、呼吸法など、なぎなたの基本的なことを総合的に練習できるとともに、動作を機敏にし、足腰を強くし、体力の向上をはかることができます。したがって、初心者も上達した人も、怠ってはならない大切な基礎的練習法です。打ち方をしかける側、受け方を応じる側ともいいます。

打ち方は、ひとつひとつの動作が中断しないように、できるだけ一呼吸でのびのびと確実に打ちます。受け方は、上手に間合をとって、相手に十分に打たせて、引き込むように受けます。相手が前進すれば後退し、後退すれば前進します。

[打ち返し]

打ち方

⑴　中段に構えます。(写真)

受け方

⑴　中段に構えます。(写真)

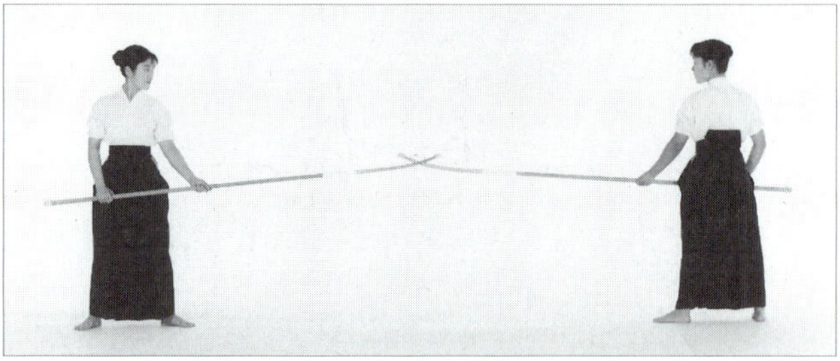

打ち方

⑵　前進して、面を打ちます。(発声メン) (写真)

受け方

⑵′　後退して、刃部で応じます。(写真)

(3) 前進して、側面を打ちます。(発声メン) (写真)

(3)′ 後退して、柄部で応じます。(写真)

(4) 前進して、側面を打ちます。(発声メン) (写真)

(4)′ 後退して、刃部で応じます。(写真)

(5) 前進して、すねを打ちます。(発声スネ) (写真)

(5)′ 後退して、柄部で応じます。(写真)

(6) 前進して、すねを打ちます。(発声スネ) (写真)

(6)′ 後退して、刃部で応じます。(写真)

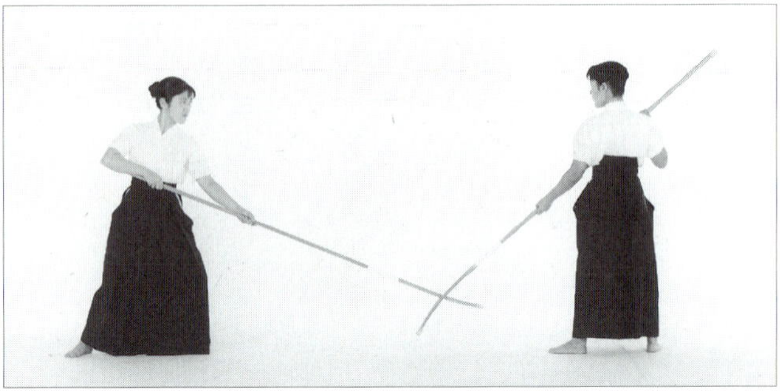

(7) 後退して、中段に構えます。

(7) 中段に構えます。

(8) 前進して、面を打ちます。(写真) (発声メン)

(8)′ 後退して柄の中央で応じます。(写真)

(9) 後退して、中段に構えます。

(9) 中段に構えます。

打ち返しを連続して練習する場合は、最後の面打ちのみ、柄の中央で応じます。

練習の教程

8

しかけわざの練習1—二段わざ・三段わざ

二段わざ、三段わざとは、2つあるいは3つのわざを一連の動作として行うものです。攻撃して相手に受けられたり、抜かれたりして、不成功に終わったとき、すかさず次の打突をするわざです。

ひとつひとつの打突は正確に、足の運びはスムーズに、しかも充実した気勢と、スピードを養うことが大切です。

[2段わざ]

●面・すね打ち

(1) 相中段に構えます。

(2) しかける側=面を打ちます。(発声メン)
応じる側=刃部で受けます。

(3) しかける側=八相の構えにもちかえて、すねを打ちます。(発声スネ)
応じる側=柄部で受けます。

(4) 間合をきって、お互いに右中段に構えます。

(5) しかける側=面を打ちます。(発声メン)
応じる側=刃部で受けます。

(6) しかける側=八相の構えにもちかえて、すねを打ちます。(発声スネ)
応じる側=柄部で受けます。

(7) 間合をきって、お互いに中段に構えます。

●すね・側面打ち

(1) 相中段に構えます。

(2) しかける側=振りあげてすねを打ちます。(発声スネ)
応じる側=刃部で受けます。

(3) しかける側=八相の構えにもちかえて、側面を打ちます。(発声メン)
応じる側=柄部で受けます。

(4) 間合をきって、お互いに右中段に構えます。

(5) しかける側=振りあげてすねを打ちます。(発声スネ)
応じる側=刃部で受けます。

(6) しかける側＝八相の構えにもちかえて、側面を打ちます。(発声メン)
応じる側＝柄部で受けます。
(7) 間合をきって、お互いに中段に構えます。

［3段わざ］

●面・すね・胴打ち

(1) 相中段に構えます。
(2) しかける側＝振りあげて面を打ちます。(発声メン)
応じる側＝刃部で受けます。
(3) しかける側＝八相の構えにもちかえて、すねを打ちます。(発声スネ)
応じる側＝柄部で受けます。
(4) しかける側＝脇構えにもちかえて、胴を打ちます。(発声ドウ)
応じる側＝刃部で受けます。
(5) 間合をきって、相中段に構えます。

●すね・側面・すね打ち

(1) 相中段に構えます。
(2) しかける側＝振りあげてすねを打ちます。(発声スネ)
応じる側＝刃部で受けます。
(3) しかける側＝八相の構えにもちかえて、側面を打ちます。(発声メン)
応じる側＝柄部で受けます。
(4) しかける側＝八相の構えにもちかえて、すねを打ちます。(発声スネ)
応じる側＝刃部で受けます。
(5) 間合をきって、相中段に構えます。

> いろいろなわざを組合わせ、二段わざ・三段わざを工夫して、練習しましょう。

練習の教程 9

しかけわざの練習2 —出ばなわざ

[出ばなわざ]

相手が打突しようと動作を起こして出る瞬間を、間髪を入れずに思いきって、打突するわざです。相手の切先が上がったり、中心がはずれたりしたときに、すかさず打突します。

手先の小さなわざにならないよう、体さばきを十分に使って、大きなわざができるようにしましょう。

●相手のなぎなたの切先が上がったとき

(1) 相中段に構えます。

(2) しかける側＝面を打とうとして、中段よりなぎなたの切先をやや上げます。
応じる側＝すかさずもちかえて、開き足ですねを打ちます。(発声スネ)

(3) しかける側＝間合をきって、中段に構えます。
応じる側＝間合をきって、右中段に構えます。

(4) しかける側＝面を打とうとして、中段よりなぎなたの切先を、やや上げます。
応じる側＝すかさずもちかえて、開き足ですねを打ちます。(発声スネ)

(5) 間合をきって、相中段に構えます。

●相手のなぎなたの切先が下がったとき

(1) 相中段に構えます。

(2) しかける側＝すねを打とうとして、中段よりなぎなたの切先をやや下げます。
応じる側＝すかさず踏み込んで面を打ちます。(発声メン)

(3) 間合をきって、相中段に構えます。

〈ワンポイントアドバイス〉

①出ばなわざは、相手の動きをよく見て、相手の気とわざの起こりを素早くとらえることが必要です。
②相手が動作を起こす瞬間に、出ばなわざができるようになるには、相手に打突されることを怖がらない勇気と、思いきりが大切です。
③出ばなわざは、防具を着用して、相対で練習しましょう。

練習の教程
10

しかけわざの練習3—払いわざ

[しかけわざと応じわざ]

相手と相対し、相手の打突部位を打突しようとして、「基本動作」を基礎に、なぎなたを操作するといろいろなわざになります。形のうえでは、「しかけわざ」と「応じわざ」の二つにわけられますが、その根本は同じです。

◉しかけわざ

相手にわざをしかけて、積極的に自分から打ち込んで攻撃していくのが、しかけわざです。

◉応じわざ

相手の攻撃を受けたり、抜いたり、なやすなど、なぎなたの操作や体さばきによって、相手の打突を無効にし、その瞬間に生じた隙をねらってすかさず打突するわざが、応じわざです。単に応じるだけという消極的なことでは、応じわざは成功しません。積極的に相手を迎え撃つ気迫があってこそ、応じわざができます。

[払いわざ]

払いわざは、相手のなぎなたを表から、あるいは、裏から払って、各打突部位を打ったり、突いたりするわざです。

表から払う場合

(1)

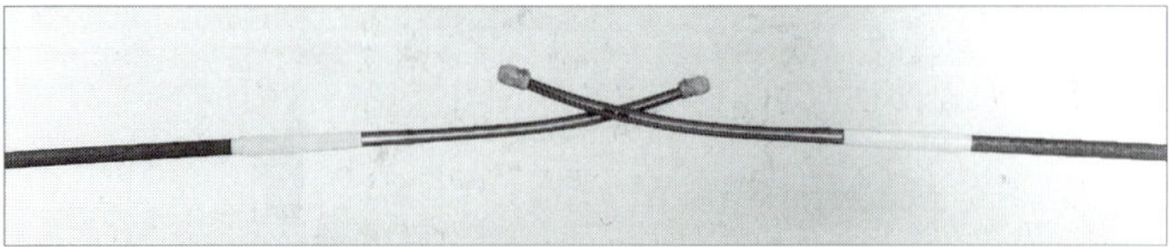

払うほう　払われるほう

(2)

払うほう　払われるほう

●表からの払い方

(1) 中段に構えます。

(2) なぎなたの反《そ》りを利用して、体さばきとともに、なぎなたの物打ちのしのぎで、表から払います。
(このとき、後ろの手首を軽く腰骨につけます。)
(写真)

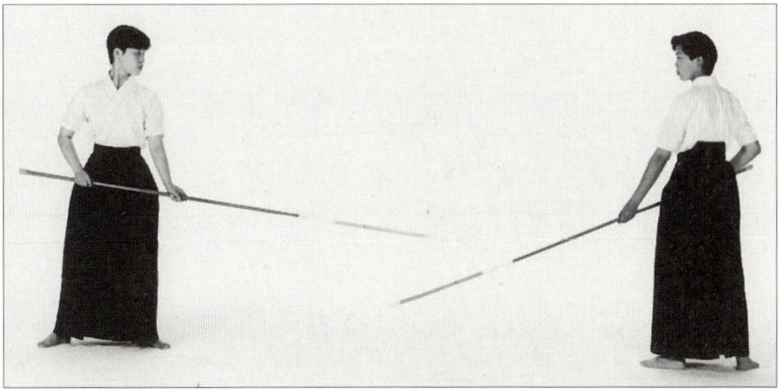

表からの払い方

●裏からの払い方

(1) 中段に構えます。

(2) 切先を、相手のなぎなたの刃の下からくぐらせ、

(3) 反りを利用して、体さばきとともに、物打ちのしのぎで、相手の物打ちを、裏から払います。
(このとき、後ろの手首を軽く腰骨につけます。)

裏から払う場合

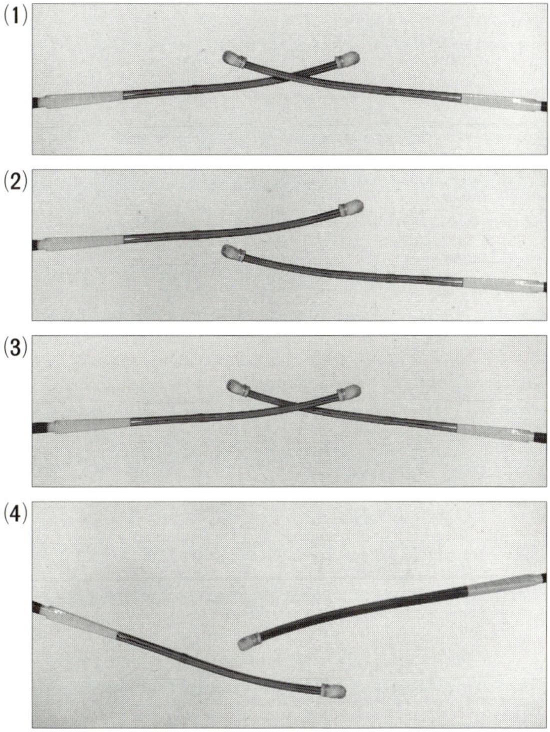

払われるほう　　払うほう

●柄部での払い方

⑴ 中段に構えます。

⑵ 両手を刃部の方に通わせ、

⑶ 体さばきと共に体の向きをかえながら、柄部で相手のなぎなたを裏から払います。
（このとき、柄部の物打ちで相手のなぎなたの物打ちのしのぎを払います。払ったときの後ろの手は、手首を軽く腰骨につけ、前の手は、やや通わせて手の内をしめます。）

●刃部で払って面を打つ

⑴ 中段に構えます。

⑵ 踏み込んで刃部で、相手のなぎなたを表から払い、

⑶ ただちに振りあげて、面を打ちます。（発声メン）

⑷ 継ぎ足で元に戻りながら、中段の構えになります。

●刃部で払って小手を打つ

⑴ 中段に構えます。

⑵ 切先を相手のなぎなたの下からくぐらせて、裏から払い、

⑶ ただちに踏み込んで、小手を打ちます。（発声コテ）

⑷ 継ぎ足で元に戻りながら、中段に構えます。

〈ワンポイントアドバイス〉

①払いは体さばきとともにすることが大切です。

②払ったら、ただちに打突しましょう。

練習の教程
11

応じわざの練習1—受けわざ

受けわざは、相手の攻撃に対して、刃部あるいは柄部で受け、ただちに打突するわざです。

受けるときは、体さばきをしながら間合をとって、刃部の物打ちのしのぎ、あるいは柄部の物打ちで受けます。

繰り込み、繰り出し、手の通いなど、なぎなたを巧みに操作して受け、ただちに打突します。

◉面受けすね打ち

(1) 相中段に構えます。

(2) しかける側＝振りあげて面を打ちます。(発声メン)
応じる側＝柄の中央で受けます。

(3) しかける側＝そのままの体勢です。
応じる側＝ただちに左前方に開き足で体をさばき、すねを打ちます。
(発声スネ)(写真)

(4) 間合をとって、相中段に構えます。

面受けすね打ち

練習の教程
12

応じわざの練習 2 ―抜きわざ

抜きわざは、体をさばいて相手に「空《くう》」を打突させ、そのとき生じた隙をすかさず打突するわざです。

気持のうえでは攻めつつ、相手に攻撃させ、相手の十分な打突が決まる瞬間に、体さばきで間合をとって抜き、ただちに打突します。したがって、相手の動きをよく見ることが大切です。

●すね抜き面打ち

⑴ 中段に構えます。

⑴ 中段に構えます。

⑵ 八相の構えにもちかえて、すねを打ちます。(発声スネ) (写真)

⑵′ 両足を後方に抜き、振りあげます。(写真)

⑶′ そのままの体勢です。

⑶ ただちに送り足とともに、面を打ちます。(発声メン)

⑷ 右中段に構えます。

⑷ 右中段に構えます。

⑸ 八相の構えにもちかえて、すねを打ちます。(発声スネ)

⑸′ 両足を後方に抜き、振りあげます。

(6)′　そのままの体勢です。

(6)　ただちに送り足とともに、面を打ちます。(発声メン) (写真)

(7)　間合をきって、中段に構えます。

(7)　間合をきって、中段に構えます。

●小手抜き面打ち

(1)　八相の構えに構えます。(写真)

(1)　脇構えに構えます。(写真)

(2) 踏み込むとともに体を開き、小手を打ちます。(発声コテ) (写真)

(2)′ 脇構えのまま、送り足で、後方に抜きます。(写真)

(3)′ そのままの体勢です。

(3) ただちに体を開き向きを変えて、面を打ちます。(発声メン) (写真)

(4) 間合をきって、右八相の構えになります。

(5) 小手を打ちます。(発声コテ)

(4) 間合をきって、右脇構えになります。

(5)′ 脇構えのまま、後方に抜きます。

(6)′ そのままの体勢です。(写真)

(6) ただちに面を打ちます。(発声メン) (写真)

(7) 間合をきって中段に構えます。

(7) 間合をきって中段に構えます。

練習の教程 13

応じわざの練習3 ―巻き落としわざ

巻き落としわざは、相手が中段に構えていて、気の抜けたときや、相手の打突を受け止めた瞬間に、反りを使って巻き込むようにして落とし、打突するわざです。

巻き落とすときは、体勢を崩さないようにして、体さばきと手の内を十分にいかし、手の通いと体さばきが一体となることが大切です。

◉巻き落とし面打ち

(1) 中段に構えます。

(2) 振りあげて面を打ちます。(発声メン)

(3)′ 巻き落とされます。(写真)

(1) 中段に構えます。

(2)′ 刃部で受けます。

(3) 受けた接点を動かさないようにして、ただちに反りで体さばきとともに、巻き落とします。このとき、後ろの手の位置は変わりません。(写真)

(4)′ そのままの体勢です。(写真)

(4) ただちに振りあげて、面を打ちます。(発声メン)(写真)

(5) 間合をきって中段に構えます。

(5) 間合をきって中段に構えます。

練習の教程
14

応じわざの練習4—打ち落としわざ・受け流しわざ

[打ち落としわざ]

打ち落としわざは、打たれる瞬間に体をさばいて攻撃をかわしながら、刃部または柄部の物打ちで、相手の物打ちを打ち落とすわざのことです。

●打ち落としてすねを打つ

⑴ 相中段に構えます。
⑵ しかける側＝もちかえて側面を打つ。(発声メン)
応じる側＝体をさばきながら、柄部で打ち落とし、すねを打つ。(発声スネ)
⑶ お互いに右中段に構えます。
⑷ しかける側＝もちかえて側面を打つ。(発声メン)
応じる側＝体をさばきながら、柄部で打ち落とし、すねを打つ。(発声スネ)
⑸ 相中段に構えます。

[受け流しわざ]

受け流しわざとは、相手が打ち込んでくる力を利用して、刃部の物打ちで受け流し、振り返して打突するわざのことです。

受け流すときは、相手に十分打たせるようにして、体をさばくことが大切です。

打ち落としわざや受け流しわざは、たいへん高度なわざです。なぎなたの操作を十分習得してから練習しましょう。

練習の教程
15

総合練習―しかけ応じ

これまでの「練習の教程」で練習してきた〝基本動作〟や〝わざ〟を組み立てた形式のものが「しかけ応じ」の総合練習です。練習することによって、礼法、構え、手の内、体さばき、間合、呼吸、打突の機会、残心、正しい姿勢を学ぶことができます。「しかけ応じ」は演技競技の種目になっています。

(1) 自然体

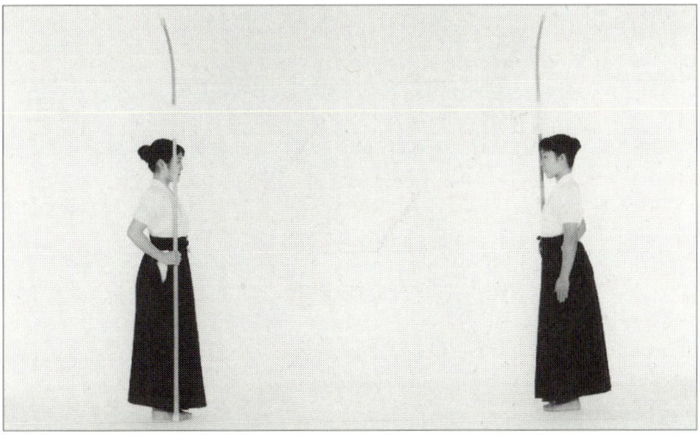

(2) 相互の礼

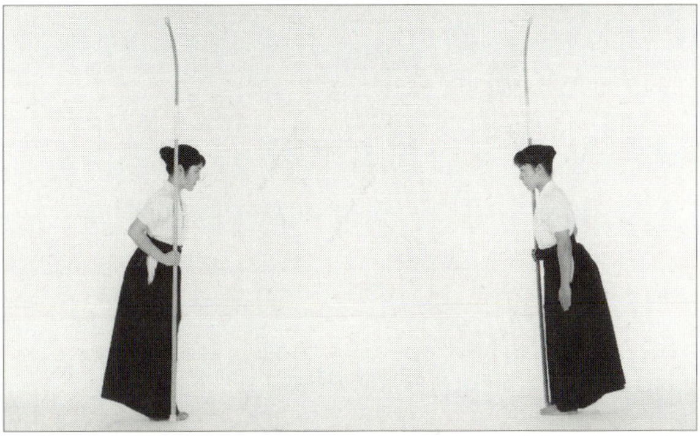

(3) 相中段

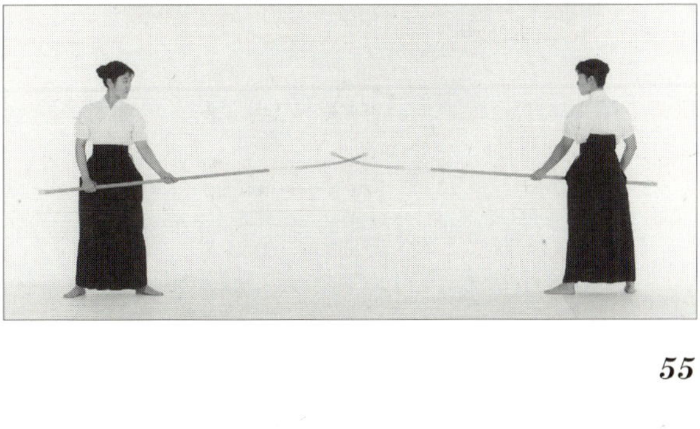

1——1本目

しかけ	応じ

相中段に構える

しかけ

(1) 振りあげて面を打つ。

発声「メン」

後ろ足(右足)を出し振りあげ、
後ろ足(左足)を踏み込んで面を打つ

応じ

(1)′ 刃部で受ける。

送り足で、後方に体をさばくとともに、
刃部で面を受ける

しかけ

(2) もちかえて、すねを打つ。

発声「スネ」

八相にもちかえ、
後ろ足(右足)を踏み込んですねを打つ

応じ

(2)′ 柄部で受ける。

後方に体を開いて、柄部ですねを受ける

しかけ

(3) この姿勢のままで、気をぬかないで相手を見る。(残心)

応じ

(3) 斜め後方に抜いて、側面を打つ。発声「メン」(残心)

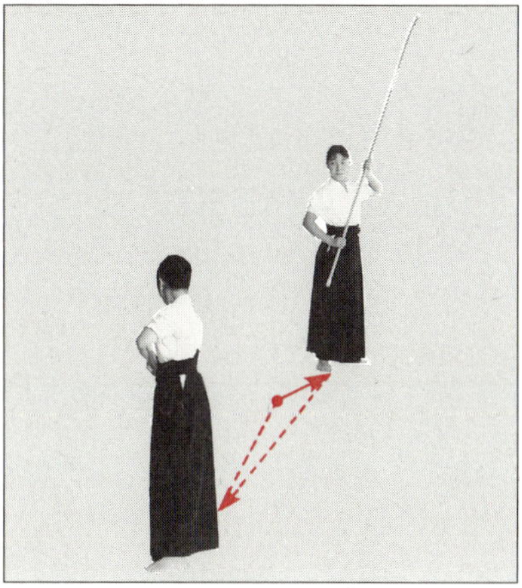

送り足で、斜め後方に体をさばくとともに、八相に構え、

前足（右足）を軸にして、後ろ足（左足）を踏み込んで側面を打つ

⑷　中段に戻る。

前足(左足)を後方にひくと同時に中段に構え、間合をとりながら前足(右足)をひく

⑸　中段に戻る。

前足(右足)を後ろ足(左足)にそろえて正面を向き、左足を出し、中段に構える

⑹　もとの位置に戻る。

歩み足（左、右、左、右）で相手と気を合わせてさがる。

歩み足（右、左、右、左）でもとの位置に進む。

〈ワンポイントアドバイス〉

●打突を応じるとき、相手の動きを見て、打突の瞬間に応じるようにしましょう。必ず体さばきとともに行いましょう。

2——2本目

しかけ

応　じ

相中段に構える

⑴　振りあげてすねを打つ。

発声「スネ」

1本目と同じ要領で、すねを打つ

⑴′　刃部で受ける。

送り足で、後方に体をさばくとともに刃部ですねを受ける

⑵　もちかえて、側面を打つ。

発声「メン」

八相にもちかえ、後ろ足(右足)を踏み込んで側面を打つ

⑵′　柄部で受ける。

後方に体を開いて、柄部で側面を受ける

⑶　この姿勢のままで、気を抜かずに相手を見る。(残心)

⑶　斜め後方に抜いて、すねを打つ。発声「スネ」(残心)

送り足で、斜め後方に体をさばくとともに八相に構え、

前足(右足)を軸にして、後ろ足(左足)を踏み込んですねを打つ

(4) 中段に復する。

前足(左足)を後方にひくと同時に中段に構え、間合をとりながら前足(右足)をひく

(5) 中段に戻る。

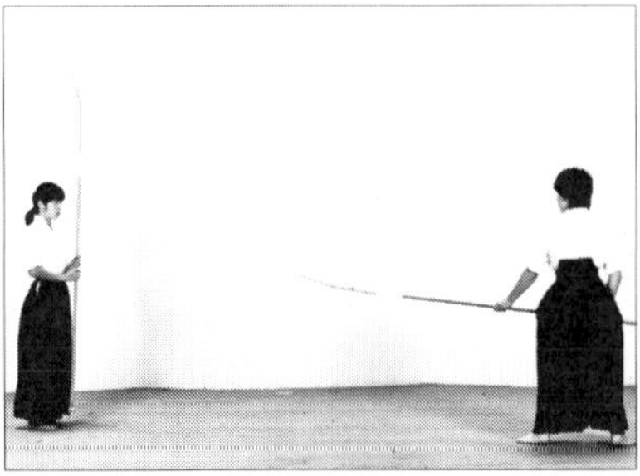

前足(右足)を後ろ足(左足)にそろえて正面を向き、左足を出し、中段に構える

(6) もとの位置に戻る。

歩み足 (左、右、左、右) で相手と気を合わせてさがる。

歩み足 (右、左、右、左) でもとの位置に進む。

3——3本目

しかけ　応じ

相中段に構える

しかけ

(1) もちかえて、脇構えの過程を通り胴を打つ。
発声「ドウ」

脇構えの過程を通って、後ろ足(右足)を踏み込んで胴を打つ

応じ

(1)′ 刃部で受ける。

送り足で、後方に体をさばくとともに刃部で胴を受ける

(2) 体さばきとともに刃部で払う。

後方に体をさばくとともに、刃部で払う

しかけ

(3) 振り返して面を打つ。
発声「メン」(残心)

払われた力を利用して右下より振り返し、後ろ足(左足)を踏み込んで面を打つ

応じ

(3)′ 刃部で受ける。

後方に体をさばくとともに、刃部で面を受ける

(4) 体さばきとともに巻き落とす。

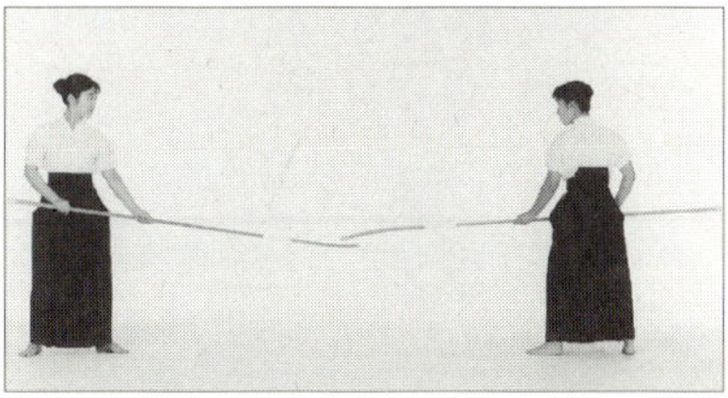

後方に体をさばくとともに刃部で巻き落とす

しかけ

巻き落とされたとき、後ろの手(右手)は体につけ、前の手は軽く握り、気を抜かずに相手を見る。

	(5) 振りあげて面を打つ 発声「メン」(残心)
	ただちになぎなたを繰り出しながら、後ろ足(右足)を出し振りあげ、さらに後ろ足(左足)を踏み込んで面を打つ
(6) 中段に戻る。	
切先を下から中段に構える。	前足(左足)を後方にひくと同時に中段に構え、間合をとりながら前足(右足)をひく
(7) もとの位置に戻る。	
歩み足 (左、右、左、右) で相手と気を合わせてさがる。	歩み足 (右、左、右、左) でもとの位置に進む。

〈ワンポイントアドバイス〉

●胴を確実に受けてから、払いましょう。

4——4本目

しかけ

応　じ

相中段に構える

(1)　もちかえてすねを打つ。

発声「スネ」

八相の構えの過程を通って、後ろ足(右足)を踏み込んですねを打つ。
(抜かれるので、切先はすねの部位を通り過ぎる)

(1)′　振りあげてすねを抜く

送り足で後方にさがり、すねを抜くと同時に体を正面に向け、頭上に振りあげる

(2)′　刃部で受ける。

後方に体をさばくとともに、刃部で面を受ける

(2)　面を打つ。

発声「メン」

ただちに、送り足で前足(左足)を踏みこんで面を打つ

(3)　体さばきとともに刃部で払う。

(残心)

後方に体をさばくとともに払う。このままの姿勢で、気を抜かずに相手を見る

(3)′　振り返して面を打つ。

発声「メン」

払われた力を利用して、切先を左下から振り返し、

後ろ足(右足)を踏み込んで、面を打つ

(4) 中段に戻る。

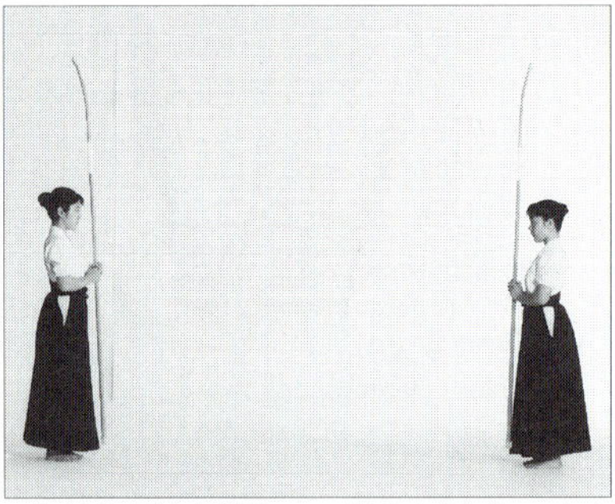

1本目と同じ要領で、相手と同時にもちかえる

前足(右足)を後方にひくと同時に中段に構え、間合をとりながら前足(左足)をひく

前足(右足)を後ろ足(左足)にそろえて、もちかえ中段に構える

〈ワンポイントアドバイス〉

●正しい姿勢で、すねの位置まで届くように打ちましょう。

5――5本目

しかけ

応じ

相中段に構える

(1) もちかえて胴を打つ。

発声「ドウ」

脇構えの過程を通って、後ろ足(右足)を踏み込んで胴を打つ

(1)′ 刃部で受ける。

送り足で後方に体をさばくとともに、刃部で胴を受ける

(2) 体さばきとともに刃部で払う。

後方に体をさばくとともに刃部で払う

(3) 振り返して面を打つ。

発声「メン」(残心)

払われた力を利用して右下より振り返し、後ろ足(左足)を踏み込んで面を打つ

(3)′ 刃部で受ける。

後方に体をさばくとともに刃部で面を受ける

(4)′ 払われた時、後ろの手は体につけ前の手(左手)は軽く握り、気をぬかないで、相手を見る。(残心)

(4) 柄で払う。

右・左と踏みかえ足で、体を左に開きながら柄で払う

(5) 繰り込んで

(6) 石突で脇腹を突く。
発声「ツキ」(残心)

送り足で、前足(右足)を踏み込んで、脇腹を石突で突く

(7) 中段に戻る

中段に構える

気を抜かないで、前足(右足)を後方にひくと同時に脇に構え

前足(左足)をひく

前足(右足)を後方にひくとともに石突を下げ、体を右に開きながら正中線を通って中段に構える。

(8) もとの位置に戻る。

歩み足（左、右、左、右）で相手と気を合わせてさがる。

歩み足（右、左、右、左）でもとの位置に進む。

〈ワンポイントアドバイス〉

●柄払いは、体の開きとともに真横に払いましょう。

6——6本目

しかけ

八相に構える

応　じ

脇に構える

(1) 小手を打つ。

発声「コテ」

後ろ足(右足)を踏み込んで小手を打つ。抜かれたので、切先は水平よりややさがる

(1)′ 小手を抜く。

脇構えのまま、送り足で、後方に体をさばいて、小手を抜く

(2)′ 刃部で受ける。

後方に体をさばきながら、刃部で面を受ける。

(2) 面を打つ。

発声「メン」

ただちに後ろ足(右足)を踏み込んで面を打つ

(3) 体さばきとともに刃部で払う。

後方に体をさばきながら刃部で払う

(3)′ 組み足になり繰り込んで

払われた力を利用して、組み足で体を右向きにかえながら繰り込んで

(4)石突で脇腹を突く。

発声「ツキ」(残心)

左足を踏み込んで、石突で相手の脇腹を突く

(5) 中段に戻る。

前足(左足)を後方に一歩ひくと同時に、脇に構え、さらに前足(右足)を後方にひき、

なぎなたをもちかえて、中段に構える

前足(右足)を後ろ足(左足)にそろえて、正面を向き両手を合わせ左足を出し、中段に構える

組み足とは、両足を交差させることです。

(1) 右足に重心を移しながら、

(2) 右足を軸にして、

(3) 体を右に開きながら、

(4) 左膝頭が右膝の裏の位置になるように、左足を引き寄せます。

〈ワンポイントアドバイス〉

● 6本目以降は相中段の構えから、相手と気を合わせてもちかえましょう。

7——7本目

しかけ

脇に構える

応　じ

上段に構える

(1)　胴を打つ。

発声「ドウ」

後ろ足(右足)を踏み込んで胴を打つ

(1)′　刃部で受ける。

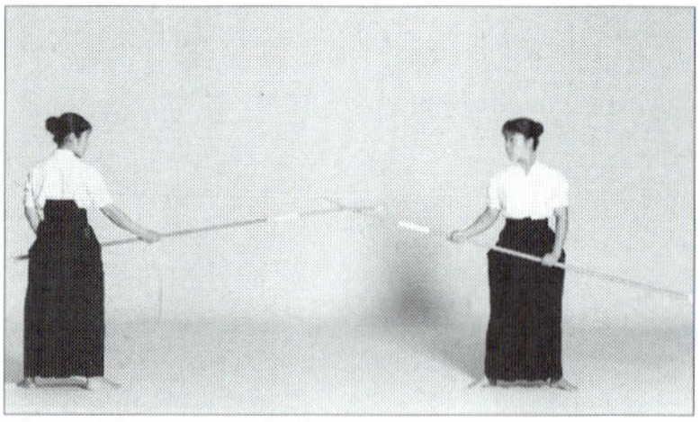

前足(左足)を後方にひいて、体の向きをかえて、刃部で胴を受ける

(2)　体さばきとともに刃部で払う。

(3)　振り返して面を打つ。

発声「メン」

(3)′　刃部で受ける。

後方に体をさばくとともに、刃部で面を受ける

(4) 体さばきとともに刃部で払う。

(5) 振り返して面を打つ。
発声「メン」

(5)′ 刃部で受ける。

(6)′ 払い落とされた時、後ろの手は体につけ、前の手は軽く握り、気を抜かないで、相手を見る。

(6) 柄部で払い落とし、ただちに繰り込んで、石突で脇腹を突く。
発声「ツキ」

踏みかえ足で、体を開きながら、

柄部で払い落とす

同時に繰り込み

前足(左足)を踏み込み、石突で脇腹を突く

(7) 中段に戻る。

前足(右足)を後ろ足(左足)にそろえて正面を向き、左足を出し、中段に構える

前足(左足)を後方に一歩ひくと同時に、脇に構え、さらに前足(右足)を後方にひき、なぎなたをもちかえて、中段に構える

(8) もとの位置に戻る。

歩み足(左、右、左、右、左 右)で、相手と気を合わせてさがる

歩み足(右、左、右、左、右、左)でもとの位置に進む

〈ワンポイントアドバイス〉

- 払い落としは、体を開きながら、柄部で相手の物打ちを、斜め下に払い落とします。このとき後ろの手は腰骨につけます。
- 払い落とすとき、後ろの手が浮かないようにして、確実に払い落としましょう。

8——8本目

しかけ

脇に構える

応じ

八相に構える

(1) 胴を打つ。

発声「ドウ」

後ろ足(右足)を踏み込んで、胴を打つ

(1)′ 刃部で受ける。

前足(左足)を後方にひいて、体の向きをかえて、刃部で胴を受ける

(2) もちかえて胴を打つ。

発声「ドウ」(残心)

応じられたので、さらに右脇構えの過程を通り、胴を打つ。抜かれたので、切先は胴を通り過ぎる。そのままの姿勢で、気を抜かずに相手を見る

(2)′ 胴を抜く。

前足を後方にひいて体の向きを変えながら、刃部を上より後方に返し、胴を抜く(下段の要領で)

(3) 面を打つ。

発声「メン」(残心)

前足(左足)を踏み出し、石突をさげながら面を打つ

(4) 中段に戻る。

相手が中段に構えるときに、切先を合わせて中段に構える

前足(右足)を後方にひくと同時に中段に構え、間合をとりながら前足(左足)をひく

前足(右足)を後ろ足(左足)にそろえて正面を向き、左足を出し、中段に構える

(5) もとの位置に戻る。

歩み足(左、右、左、右)で相手と気を合わせてさがる。

歩み足(右、左、右、左)でもとの位置に進む。

〈ワンポイントアドバイス〉

- 最初の胴も二本目の胴も部位に届くように正確に打ちましょう。応じは打たれる瞬間に抜きましょう。

第3部
試合の教程

試合の教程 1　防具のつけ方・しまい方

防具は体を安全に保護するとともに、自由に動くことができるように、自分の体に合ったものを選びましょう。また、防具がはずれたり、結び目がとけたりしないようにつけましょう。

1――防具とその名称

[面]

面ひもは、面乳皮に結ばれて面がねに取りつけられています。面乳皮は、面がねの最下部から４あるいは５本目の横ひごの両端につける方法と、面がねの最上端の中央につける方法があります（右図参照）。面垂れは、なぎなた用のものを用います。

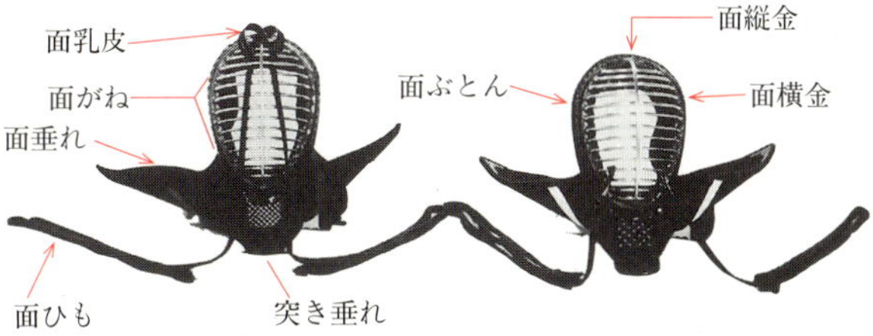

面の名称

[胴]

胴には、さまざまな材質のものがあります。胴の長さや、脇のくり具合いなど自分の体に合った大きさで、丸みのあるものを選びます。

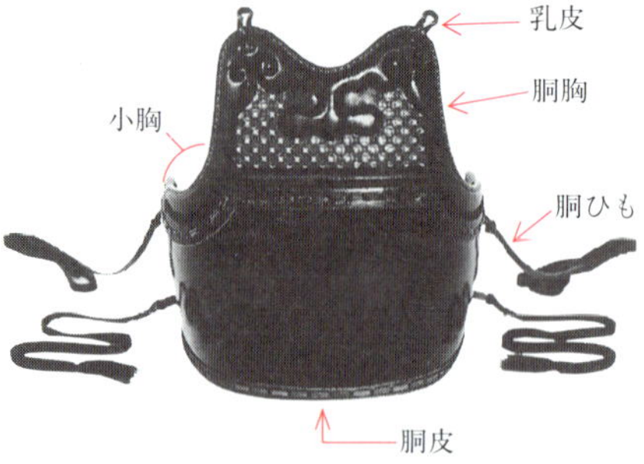
乳皮
胴胸
小胸
胴ひも
胴皮

胴の名称

[垂れ]

垂れは、幅の広い大きな垂れが３枚あるほうが表で、中央に(氏名を明記した)ゼッケンをつけます。垂帯は６～７ cm ぐらいの幅が適当です。

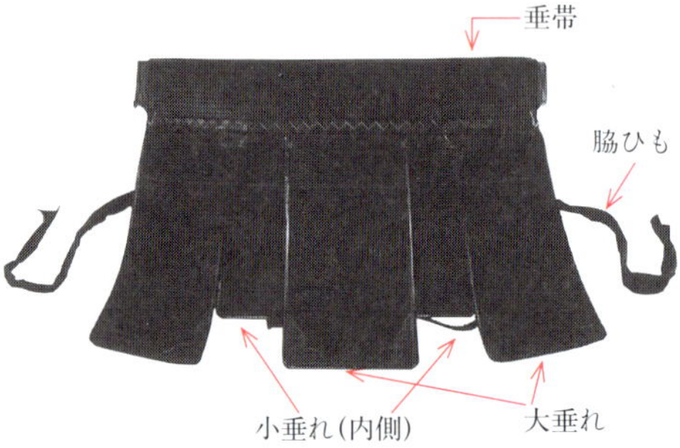
垂帯
脇ひも
小垂れ(内側)
大垂れ

垂れの名称

[小手]

小手は、もちかえの操作が自由にできるように、親指と、人さし指と、中指から小指までの３部分に分かれたなぎなた用を用います。

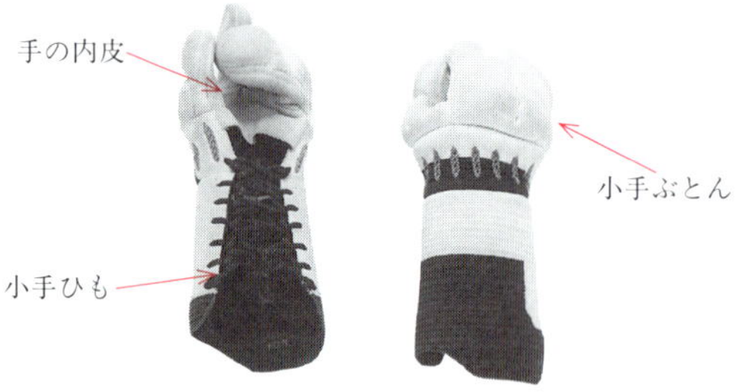
手の内皮
小手ぶとん
小手ひも

小手の名称

[すね当て]

すね当ては､布に､幅２ cm の黒塗の竹を５～７本縫いつけたものです。

甲当てや、ひざ当てのついたものもあります。ひもは、２まわりして結べる長さがよいでしょう。

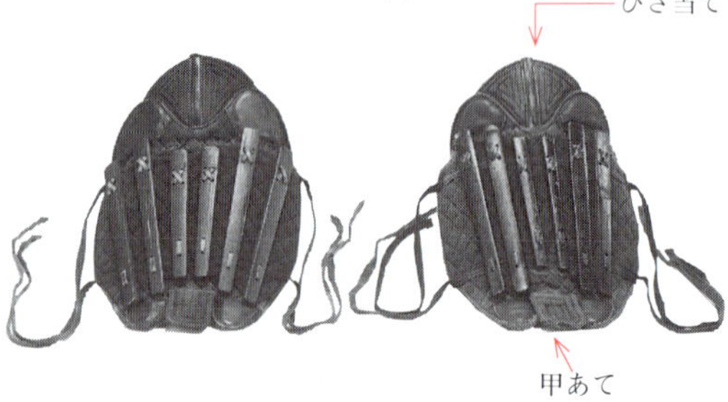
ひざ当て
甲あて

すね当ての名称

2――防具の置き方

練習や試合の前には、防具はきちんとととのえて、道場や練習場の端に並べて準備しておきます。防具の置き方は、まず、すね当て・小手・面と重ねて、面の中に面ひもをととのえて入れ、手拭はたたんで面の中に入れるか、面の上にかぶせます。胴・垂れは図のように面の前に置きます。(P80の写真参照)

3――防具のつけ方

防具のつけ方は、垂れ→胴→すね当て→面→小手の順につけます。すね当てより面を先につける方法もあります。(P80の写真参照)

[垂れ]

大垂れの中央(前垂れ)が下腹部の位置になるように当て、左右のひもを後ろで交差し、前垂れの下でしっかり蝶結びにします。(P80の写真参照)

[胴]

胴の上端は鎖骨を保護し、下端は垂れの帯の上半分がかくれる位置に当て、まず胸に当て、左右の上部についているひもを、右ひもは左肩に、左ひもは右肩にまわし、図のように乳皮に通して結びます。また、初心者や幼年者は、後ろで蝶結びをすることもあります。習熟するにしたがって正式な結び方をします。下部の胴ひもは、後ろで結びきりまたは蝶結びにします。(右図参照)

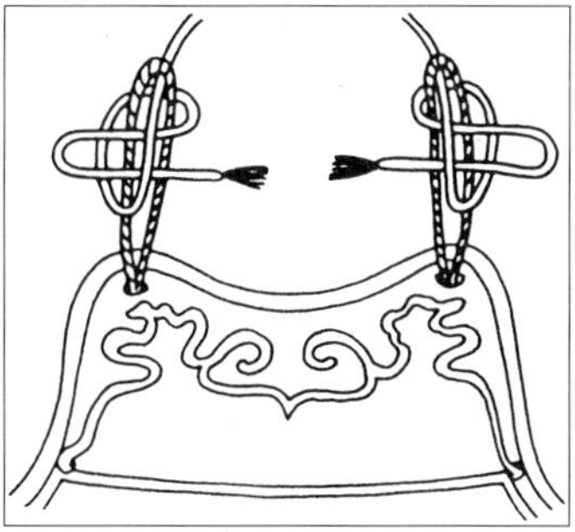

[すね当て]

竹のついている側を表にし、袴《はかま》の裾《すそ》のひだをととのえ、すね当てをつけます。袴がすね当てにかぶさらないよう、裾を寄せてすね当ての中に入れ、上下のひもをまわしてしっかり結びます。結んだ先端を、まわしたひもの中にはさみ込み、とけないように注意します。すね当ては、後ろを向いてつけます。(P80の写真参照)

[面]

●手ぬぐいのかぶり方

面をつける前に、まず手ぬぐいをかぶります。髪の乱れを防ぎ、汗を吸収し、面がずれないようにするためです。髪の毛が長いときは束ねて手ぬぐいの中にまとめましょう。手ぬぐいをかぶる方法はいろいろありますが、次にその一例をあげます。

●手ぬぐいを頭上にのせてかぶる方法

①手ぬぐいの両端をもって、下端の中央部を、後ろのはえぎわをおおい、ひたいに当てる。

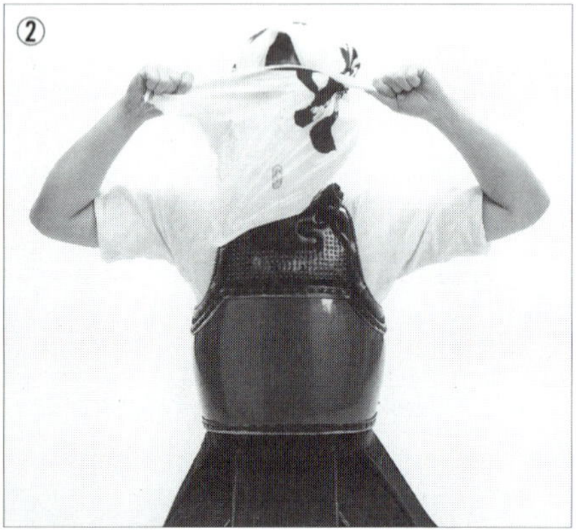
②手ぬぐいの右端、左端を前のはえぎわをおおって交差させる。

③前に垂れた部分を頭頂部にあげ、先端が後ろへ出ないように折り込む。

④できあがり

●面のかぶり方

面ひもを上からつける場合と下からつける場合とがあります。あごを内面部のあごあてにつけ、面がねの上から6～7本目の間から外がよく見えるようにかぶります。次に面ひもを、後ろ→前→後ろと図のように順を追って締め、結ぶまえに面ひもを面金の最上段の中を通し、左右のひもをひねって、後頭部まん中で蝶結びにします。先端のひもの長さをそろえます。次にその一例をあげます。(写真参照)

●面ひもの通る順序

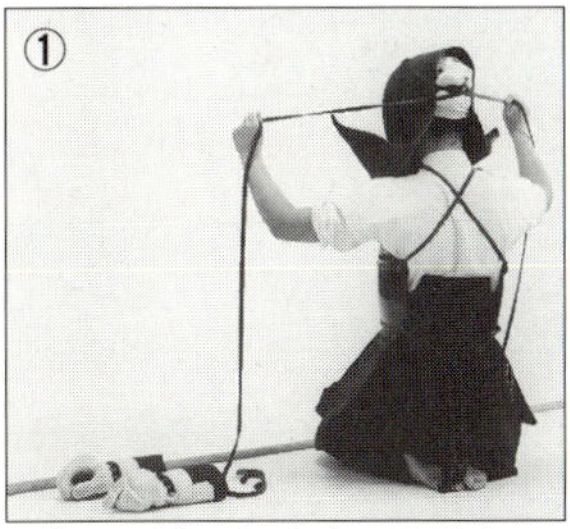

前から後頭部中央で交差する

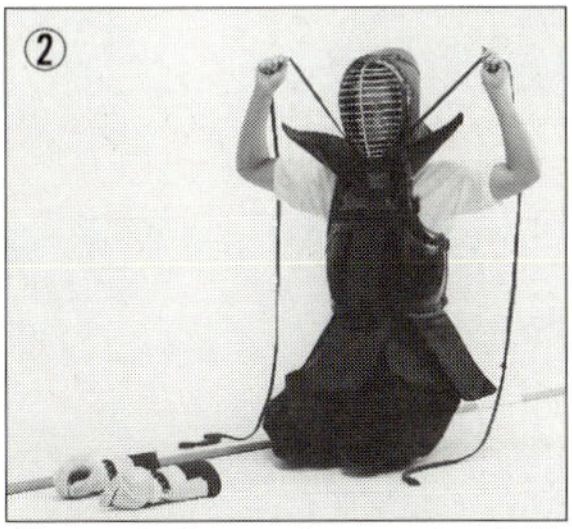

後ろから前へ、あごの下で交差

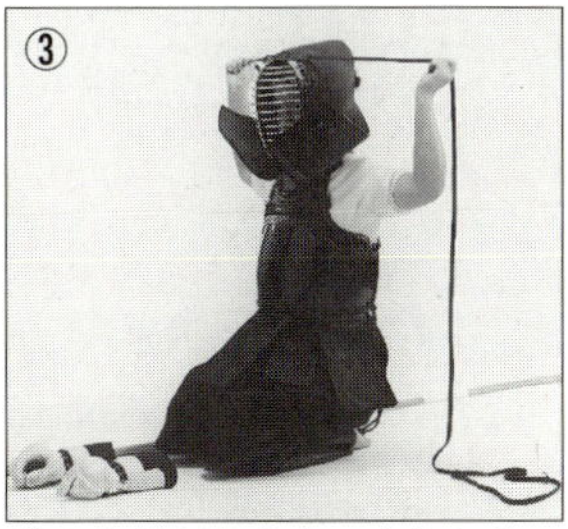

前から後頭部中央で交差し前へ

面がね最上段の中を通し、

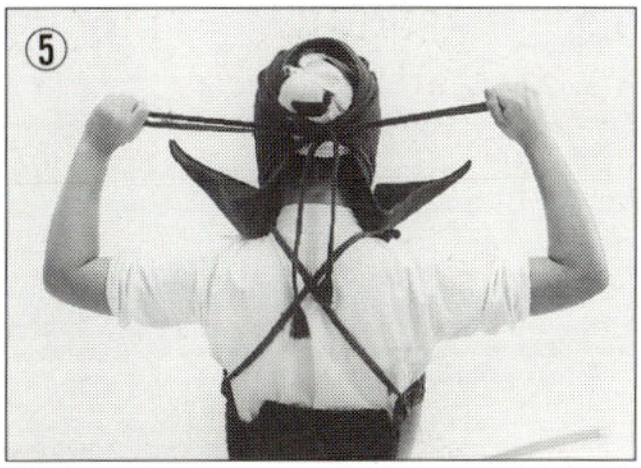

後頭部まん中で結び、面垂れ後を左右に開き空気を通す

面ひもの結び方

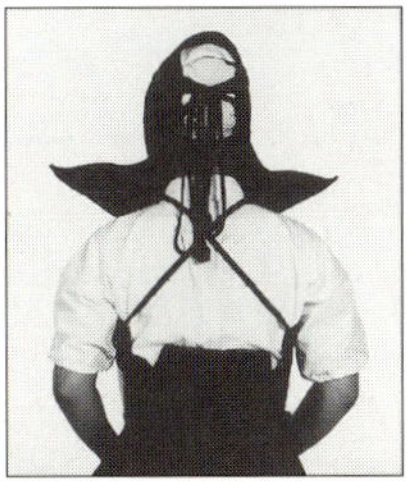
よい例

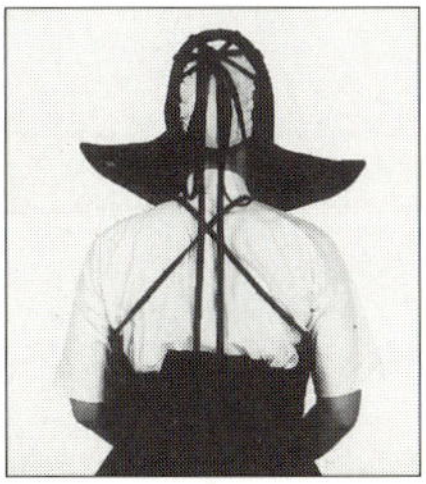
悪い例

[小手]

小手は左・右の順にはめます。はずすときは右・左と逆にします。取り扱いは指の部分をひっぱらないように、手もとのほうから抜くようにします。また小手ひもが垂れないようにしましょう。使用後はよく風を通しましょう。（P80の写真参照）

●防具のつけ方

防具を正しく置く

垂れをつける

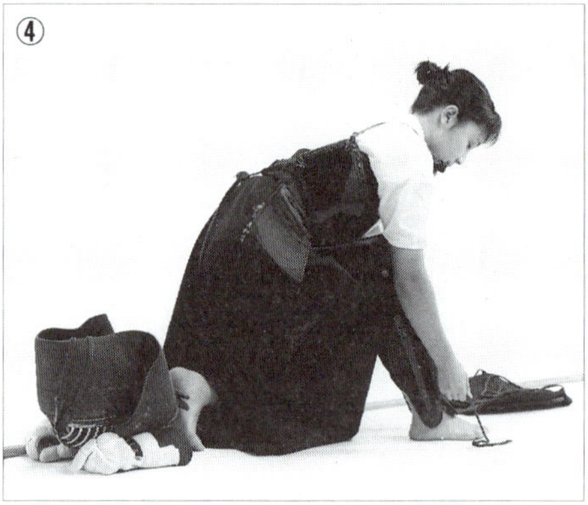

すね当てをつける

手ぬぐいをかぶる

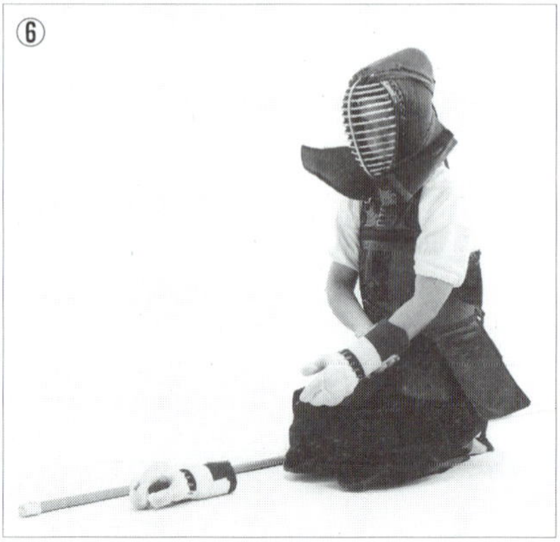

小手をはめる

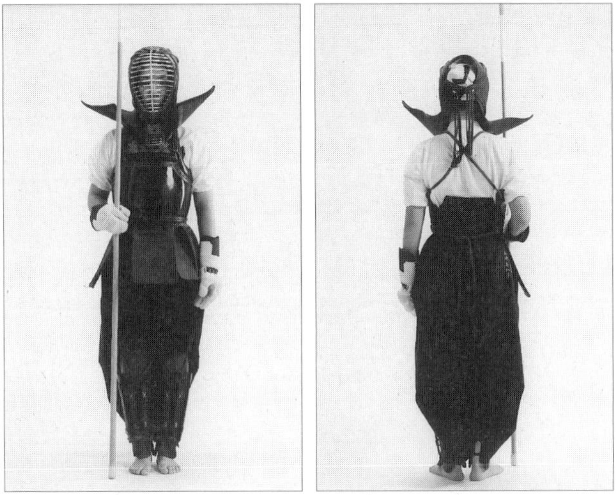

防具を全部つけたところ（前向き、後向き）

4——防具のしまい方

防具をはずすときは、小手→面→すね当て→胴→垂れの順序です。防具は、直射日光をさけ風通しのよい収納場所に整頓します。

(1) すね当ては、竹のついているほうを中にして合わせ、ひもをそろえて結びます。

(2) 面は汗をぬぐい、面ひもを束ねて面の中に入れます。

(3) 垂れの表側と、胴の表側を合わせて重ね、胴の両方の上ひもで垂れとともに十文字にかけ胴の内側で結びます。垂れの脇ひもを胴の脇にかけて結びます。

(4) (1)のすね当てを胴の中に入れ、さらに(2)の面をおき、その両側に小手を入れます。最後に胴の両下ひもを結びます。

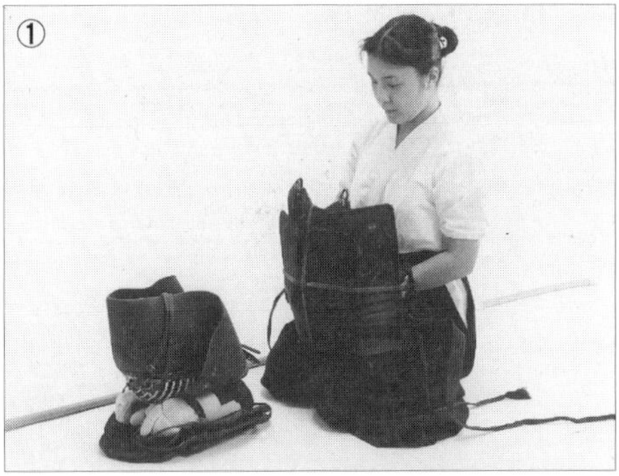

試合の教程 2

防具をつけた基本練習

1——練習するときに心がけること

試合競技は習得した技術・気力・体力で勝敗を競い合うものです。基本練習が正しく十分に行われていることが大切です。

基本練習からさらに試合練習へと進んで行きますが、その過程で次のようなことを心がけて行いましょう。

なぎなたの物打ちで部位を正確に、なおかつ正しい姿勢と充実した気力で、残心のある打突をくり返し練習することが大切です。

初めのうちは防具を着用すると、なかなかスムースに動くことができません。防具を着用しないときと同じように動けるようになるまでは、補助具を使って打突練習をしましょう。

相手を思いやる気持ちがなければ、ケガや事故のもとになりますから、気をつけましょう。お互いにわざと気力を出し合い、満足できるような練習方法を工夫しましょう。

[補助具]

補助具には打込棒(打突棒)や打込台などがあります。

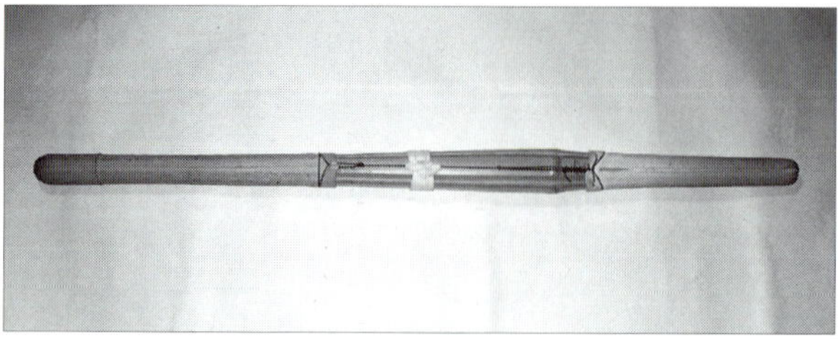

打込棒

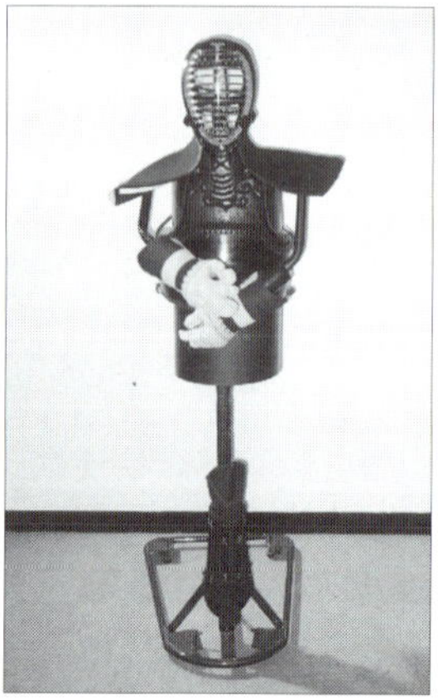

打込台

2――すね当てをつけた練習

最初は、部分的につけて練習してみます。

●左右すね打ちの練習

打ち方

(1)　もちかえて

打たせ方

(1)　切先を上げて、間合をとり、やや正面を向いて

すねを打つ。

左外ずねを打たせる。

(2)　もちかえてすねを打つ。

(2)　左足をひき、石突を上げて、体はやや正面を向き、右外ずねを打たせる。

相中段に戻り、交代して打つ。

〈ワンポイントアドバイス〉

- 前後・左右に体さばきをして行いましょう。打たせる側が間合などを工夫しリードします。
- 前かがみにならないように体を開いて、ひざ・足先を相手に向けるように気をつけ、視線は相手につけ、肩や腕に無理な力を入れないで行います。

●振りあげすね打ちの練習

相中段に構える。

打ち方

振りあげて

打たせ方

すねを打つ。

石突を上げて、体をやや正面に向き変えて右ずねを打たせる。

相中段に戻り交代して打つ。

〈ワンポイントアドバイス〉

- 右中段の構えから、さらに左右に体さばきをつけて行いましょう。
- 振りおろすときに前の手に力が入ると、下に落ちてしまいます。体の開きとともに打ちましょう。

●柄部でのすね打ちの練習

相中段に構える。

打ち方

柄部ですねを打つ。

打たせ方

切先を上げて、体をやや正面に向け左外ずねを打たせる。

相中段に戻り交代して打つ。

〈ワンポイントアドバイス〉

- なぎなたの柄部を繰り出して、体の開きとともに膝を曲げて打ちます。刃部を持たないように注意します。右中段の構えからも練習しましょう。

※高校生以下の試合競技では禁止されています。

3――面・胴・垂れ・すね当て・小手をつけた練習

すね当てをつけた部分練習に馴れたら、防具を全部つけて行いましょう。

◉面打ちの練習

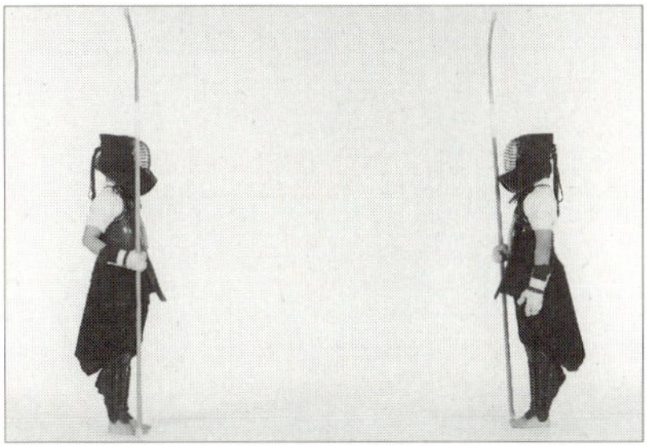

自然体

相中段に構える。

打ち方

振りあげて

打たせ方

面を打つ。

切先をやや左下にはずして間合をとり面を打たせる。

相中段に戻り交代して打つ。

〈ワンポイントアドバイス〉

- 右中段の構えからも練習しましょう。
- 振りあげたときは体が正面を向き、打ったときは開くように気をつけましょう。
- 打つ瞬間に手をしめると正確に打つことができます。肩の力を抜きましょう。

●側面打ちの練習

相中段に構える。

打ち方

(1)　もちかえて

打たせ方

(1)　切先を少しはずし

左側面を打つ。

左側面を打たせる。

(2)　もちかえて

右側面を打つ。

(2)　右側面を打たせる。

相中段に戻り交代して打つ。

〈ワンポイントアドバイス〉

●前進、後退、左右に開き足を使って打ちましょう。

●胴打ちの練習

相中段に構える。

打ち方

(1) もちかえて

左胴を打つ。

(2) もちかえて

右胴を打つ。

打たせ方

(1) 正面を向き、なぎなたを振りあげて

胴を打たせる。

(2) 胴を打たせる。

相中段に戻り交代する。

〈ワンポイントアドバイス〉

●打たせる側は、打つ機会をはっきりと示し、相手の気を誘うような気持で振り上げましょう。

●小手打ちの練習

相中段に構える。

打ち方

(1) 振りあげて

打たせ方

(1) 切先をやや右斜め上に上げ

小手を打つ。

打たせる。

相中段に戻り交代して打つ。

〈ワンポイントアドバイス〉

- 正しく体を開き、両手の内をしめ、力まかせに打たないようにしましょう。また、右中段からや、左右に体さばきをつけてみましょう。
- この体さばきは、面打ちやすね打ちにも応用できます。

●突きの練習

相中段に構える。

打ち方

(1) 咽喉を突く。

打たせ方

(1) 切先を左下のほうへはずし、体を正面へ向け、のどを突かせる。

相中段に戻り交代する。

〈ワンポイントアドバイス〉

- 突く側は、相手の体勢と機会をよく見て突きます。
- 突かせる側は、あごをひいて、面垂れをはっきりと示して突かせましょう。

※高校生以下の試合競技では禁止されています。

試合の教程 3

防具をつけたわざ練習

1――練習するときに気をつけること

⑴ 中段の構えを基本にして練習します。
⑵ 打たせる側はつねにリードして、間合に注意し、打つチャンスを示します。
⑶ 体さばきがともなった練習をします。(気剣体一致の打突をします。)
⑷ 打突をするときは、集中してチャンスを素早くとらえるようにします。
⑸ ただ単に打ち合うのではなく、わざの攻防を練習します。
⑹ しかけていく技が中心になりますが、応じわざの練習も十分にします。

2――攻めの具体的な方法

⑴ 切先で攻める――相手の切先を払う・なやす・巻くなどして切先をはずし、打突のチャンスをつくる積極的な方法です。
⑵ わざで攻める――相手より先にわざをしかけ、動揺させてチャンスをつくる方法です。
⑶ 気で攻める――強い気迫やファイトで相手の気をくじいて、チャンスをつかむ方法です。

以上のことを心がけて練習すれば、試合で効果的にいかすことができます。

3――しかけていくわざ

[一本打ちのわざ]

◉攻めて面・側面

中段の構えから、積極的に相手の中心を攻め、相手の切先が下がるところを面または側面を打つ。

〈ワンポイントアドバイス〉

●相手の切先の左右(裏表)から攻めてみましょう。相手の切先が下がった瞬間がチャンスです。側面を打つ場合は、左右に開いて打ってみましょう。

◉攻めてすね・左右すね

相手を攻めて、相手の切先が上がるところをすね、またはもちかえてすねを打つ。

〈ワンポイントアドバイス〉

- 左右に体さばきをつけて行ってみましょう。打つときは姿勢をくずさないように、相手をよくみて体を開いて打ちましょう。
- ここにあげたのはほんの一例ですから、攻めて小手、胴、突きなど工夫研究して練習しましょう。

[払いわざ]

◉刃部で払って面を打つ。

◉刃部で払ってすねを打つ。

◉刃部で裏から払って小手を打つ。

◉刃部で裏からまたは表から払って左右側面を打つ。

◉刃部で裏から、または表から払って左右すねを打つ。

〈ワンポイントアドバイス〉

- 中段の構えをやや高く構えると、相手が払いやすいでしょう。また、相手が払って打突するときには、打たせる側は間合をとりましょう。

[出ばなわざ]

◉相中段の構えから、相手が打突しようとして、切先が下がる瞬間の面または側面を打つ。

◉相中段の構えから、相手が打突しようとして、切先が下がる瞬間を突く。ただし、高校生以下は禁じられている。

◉相中段の構えから、相手が打突しようとして、手元が上がる瞬間の小手を打つ。

◉小手打ちと同じように切先が上がる瞬間のすねを打つ。

◉相中段の構えから、相手が打突しようとして、振りあげる瞬間の胴を打つ。

〈ワンポイントアドバイス〉

- 充実した気力で、相手より先に攻める積極的な気持が大切です。

[ひきわざ]

間合が近くなったときに、後方へ体さばきをしながら積極的にわざを出す方法です。

◉切先が上がった状態で近い間合の場合

例1　継ぎ足または送り足で、後方へ間合をとりながらすねを打つ。

例2　後方へ間合をとりながら相手の切先が下がる瞬間を面を打つ。

◉切先が下がった状態の場合

例1　後方へ間合をとりながら面または側面を打つ。

例2　後方へ間合をとりながら切先が上がる瞬間のすねを打つ。

例3　後方へ間合をとりながら手もとが上がる瞬間の小手を打つ。

〈ワンポイントアドバイス〉

- 近い間合からひきわざを出すときは、相手の体勢やチャンスをよく見て、すばやい判断と動作が必要です。
- 体さばきと繰り込み・繰り出しなどの操作で、最も確実な打突を練習しましょう。

[二段わざ・三段わざ]

◉面→すね——面を攻めるが、応じられるのでさらにすね、またはもちかえてすねを打つ。

◉小手→すね——小手を攻めるが、抜かれるのでさらにすね、またはもちかえてすねを打つ。

◉突き→すね——咽喉を突いて攻めるが、応じられるのでさらにすねを打つ。(高校生以下は禁じられている)

◉小手→面——小手を攻めるが、抜かれるのでさらに面を打つ。

◉すね→面または側面——すねを攻めるが、応じられるのでさらに面または側面を打つ。

◉面→すね→面または側面――面→すねを攻めるが応じられるので、さらに面または側面を打つ。

◉小手→すね→胴――小手→すねを攻めるが応じられるので、さらに胴を打つ。

〈ワンポイントアドバイス〉

●ここにあげた二段わざ・三段わざはほんの一例ですから、打突するときの体さばきも前進だけでなくひきわざも入れて工夫し、打つ側と打たせる側が間合のとり方を協力して行いましょう。

4——応じわざ

[受けわざ]

●面受けすね

相中段に構える。

しかけ方

面を打つ。

応じ方

面を受けて、

左前方へ開き足ですねを打つ。

相中段に戻り交代して打つ。

●側面受けすね

相中段に構える。

しかけ方

側面を打つ。

応じ方

柄部または刃部で受け、

開き足を使ってすねを打つ。

相中段に戻り交代する。

［抜きわざ］

●すね抜き面

しかけ方

すねを打つ。

相中段に構える。

応じ方

送り足の要領で後方へ抜き、

前進して面を打つ。

相中段に戻り交代する。

●胴抜き小手

しかけ方

胴を打つ。

相中段に構える。

応じ方

後方へ抜き、振りあげて、

小手を打つ。

相中段に戻り交代する。

〈ワンポイントアドバイス〉

- 抜くときは、足の動きを敏速にし、間合を正確にとることを練習します。また、抜いたときの姿勢を正しく、次の打突を正確に行いましょう。
- 左右両方の構えから練習します。

試合の教程
4

いろいろな稽古方法

これまでに習得したすべてのことを正しく活用して、試合稽《けい》古《こ》へと進んでいきます。

日本古来の武道や芸道では練習のことを稽古といいます。これは「稽」＝かんがえる、「古」＝いにしえ、という文字の意味からきており、先人の教えについて工夫研究するという意味です。さらに、「錬磨」とか「修錬」という修養的な意味も含まれています。単に技術や体のトレーニングばかりでなく、なぎなたの稽古を通して「人格形成」といった大きな意味が含まれていることを考えてみましょう。

[掛かり稽古]

元立ちのリードにしたがって、積極的にわざを出して掛かっていく方法です。短時間に気力・体力の続く限り、自分が習得したわざのすべてを出すことが大切です。このとき、相手から打たれたり、かわされたり、応じられたりしても、気力を充実して掛かっていきます。打突するときの正しい姿勢、間合、手の内などを学ぶことができる重要な稽古方法です。

〈ワンポイントアドバイス〉

- 打突することに気をとられて姿勢がくずれないように注意しましょう。元立ちの気力に負けず気迫を込めて打突することが、精神を鍛えます。

[互格稽古]

地稽古ともいわれ、技術や気力が互格の者同士が、競い合う稽古方法です。相手のよいわざは認め、理合いを深め技術を高めていきます。たとえ、実力の差があっても気力を充実させて間合、機会などを大切にして行えば互格稽古といえます。

[引立て稽古]

掛かり稽古の元立ちの稽古方法です。指導的立場に立つ者が元立ちをし、相手の長所を伸ばし、欠点を直すように配慮をして、相手を引き立てて、稽古をするようにします。

〈ワンポイントアドバイス〉

●単に打突させるだけの稽古にならないよう、心がけて行いましょう。

[試合稽古]

習得したわざのすべてを、自由自在に発揮して勝負を競う稽古方法です。正規のルールにしたがって審判を立てて行う場合と、多くの人が数多く試合ができるように、略式に行う場合とがあります。

〈ワンポイントアドバイス〉

●対象者によって方法や内容が異なりますが、練習の仕上げとして行われることが多いので、練習の成果を達成させることが大切です。よいわざは素直に認めあって、練習の盛り上がりを心がけるようにしましょう。

[特別稽古]

これは特別な時期や目的のために、一定の時期をきめて行う練習の方法です。

◉寒稽古

一年中の最も寒さの厳しい時期に、一定期間行われます。寒さや早朝という悪い条件のもとで、技術の上達や最後までやり通すところに、精神的鍛練の目的があります。

◉暑中稽古

一年中の最も暑さの厳しい時期に行われます。暑さに耐えて行うもので、精神や身体の鍛練には大きな効果があります。

〈ワンポイントアドバイス〉

●事故のないように準備運動や、健康に気をつけ、練習環境を整備するなど、細心の注意が必要です。お互いが目標を達成できるよう協力しましょう。

[その他の稽古方法]

◉ひとり稽古

自主的にひとりでわざの工夫や研究をしたり、鏡の前で姿勢やなぎなたの刃筋を確認する方法です。

◉見取り稽古

他の人の稽古を見学することで、長所を学び欠点を反省する方法です。

〈ワンポイントアドバイス〉

- 試合をひかえたときなど、心を落ち着け、相手を想定したり、自分の姿を思い浮かべながらイメージトレーニングをするとよいでしょう。

試合の教程 5

試合競技

試合競技には、個人試合と団体試合の２種類があります。個人、団体いずれの試合も全日本なぎなた連盟の試合規定と審判規定によって行います。対象者や運営時間、施設などを考慮して、公式の規則を一部変更して行うときもあります。

1――試合の方法

打突部位を正確に打てるようになって始めることが大切です。防具のないところを打ったり、手の内がしまらないと危険です。

一方、応じの練習が不十分な場合、打たれまいとして姿勢がくずれて逃げたり、悪い影響を及ぼす場合がありますから、急ぎすぎないようにしましょう。

[簡易試合]

試合の方法や要領などを理解するために、練習期間が必要です。例えば、打突部位を「面」「小手」「すね」に限定して試合をすることもできます。

簡易試合のルールは、試合者の年齢や習熟段階に応じて定めることが必要です。ときどき、練習の中に取り入れると興味がわき、楽しむことができます。

[公式試合]

公式試合は、次のようにして行います。

(1) 勝負は、12m四方のコート(ラインを含む)内で、試合時間内に、有効打突を２本先取した方を勝ちとします。ただし、所定の本数に達しないときは、１本先取した方を勝ちとします。

(2) 打突部位は、面・突き・小手・胴・すねです。ただし、柄突きは禁止されています。高校生以下は突きと柄ずねは禁止されています。

(3) 審判員は、主審１名、副審２名で構成し、有効打突および反則の判定について同等の権限を有します。主審は他の係員と連携し、試合の進行をはかり、勝負を宣告します。

[その他の試合方法]

その他の試合方法として、円陣試合、勝ち抜き試合、負け残り試合、紅白試合、異種試合などがあり、試合の目的、参加者の人数、所要時間などを考えて行うことができます。

2——試合の心構え

[試合前]

(1) 練習を計画的に行い、体調をととのえます。

(2) 十分に練習して、自信をもって臨みます。

(3) 服装、なぎなた、防具の点検を行います。

(4) 出場する試合の種類、方法、内容などを理解しておきます。

(5) 会場への交通手段や所要時間などを調べておきます。

(6) 出場する試合場の状態や試合時間の確認をしておきます。

(7) 試合場では準備運動を十分に行い、心身をリラックスさせ心を落ちつけます。

[試合中]

(1) 必勝を期し、全力で試合をします。

(2) 精神を集中させ、落ち着いた心で相手を見ます。

(3) 自分が不利な状況にあっても、あきらめないでベストを尽くします。

(4) 苦しいときでも最大の努力をします。

(5) 相手のペースにはまらないように、終始冷静さを失わないようにします。

(6) 最初の１本は必ず取るという強いファイトで臨みます。

(7) まわりの観衆や応援に気をとられずに、試合をします。声援に応えたり、返答したりしてはいけません。

[試合後]

(1) 勝っても負けても、お互いの健闘を讃えます。勝ってガッツポーズをするなどは、好ましい試合態度ではありません。

(2) 審判員に対して、不平を言ったり、高慢な態度はとらないようにします。

(3) 好試合を学び、今後の試合にいかします。

(4) 防具やなぎなたを整頓し、よく手入れをしておきます。

(5) 整理運動を十分にし、心身の緊張をほぐします。

用語解説（五十音順）

足運び	体を前後、左右、斜めなどに移動する足の動作のこと。
異種試合	現在では主として剣道となぎなたで行われる試合のこと。
内ずね	すねの部位の内側。
表・裏	なぎなたを構えた前面側を「表」、背面側を「裏」。
気剣体	気とは気力のこと。剣とはなぎなたのこと。体とは体勢のこと。
切先をはずす	正しい構えの切先の位置からそらすこと。
攻防	攻めたり防いだりすること。
左座右起	左足からすわって右足から立つこと。
残心	わざをかけたり、かけられた後に、気をゆるめないで、どんな変化にも対応できる身構え・心構えのこと。
正中線	正面を向いた鼻筋から、おへそを通る体の中央の上下線のこと。体を開いた時は、体側の中央を通る線のこと。
戦術・戦法	試合の相手を攻略する方法のこと。
前腕	肘から手首までの部分。
外ずね	すねの部位の外側。
体を開く	体、腰を横に向けた状態のこと。
着眼	正しい姿勢を保つための目の「役割」と、相手の動きや変化に対応する目の「働き」のこと。
手を通わす	なぎなたを操作するときに、手を少し動かすこと。
手の内	なぎなたを握る手の握りや、手の力のつり合いと配分具合などのこと。

手をしめる	なぎなたを握る手の握り具合のこと。
刃筋	なぎなたの刃の通る筋道や方向のこと。
ひら打ち	しのぎで打つこと。
間合をとる	今の状態よりも相手との距離を遠くすること。
みぞおち(水月)	胃のあたり。

財団法人　**全日本なぎなた連盟**

事　務　局　兵庫県伊丹市中央3丁目5番8号　〒664-0851
電話　072（775）2838番
FAX　072（772）2062番

東京事務所　東京都渋谷区神南1丁目1番1号　〒150-8050
（岸記念体育会館）
電話　03（3481）2411番
FAX　03（3481）2410番

なぎなた教室　1984年5月10日　初版発行

スポーツVコース　新《しん》　なぎなた教室《きょうしつ》

NDC 789　101p　21cm

2003年5月10日　初版第1刷発行
2010年9月1日　　　　第5刷発行

編　　者　(財)全日本なぎなた連盟
発行者　鈴木一行

発行所　株式会社　大修館書店
〒101-8466　東京都千代田区神田錦町3－24
電話　販売部03 (3295) 6231　編集部03 (3294) 2358
振替　00190-7-40504

レイアウト・徳永義之／印刷・厚徳社／製本・司製本
カバー・表見返し写真・アフロ・フォトエージェンシー

ISBN978-4-469-16277-6　Printed in Japan

[出版情報] http://www.taishukan.co.jp